たちあがるチカラ

別所キミヱ

写真提供：共同通信社

写真提供：『卓球レポート』

挑み戦う

写真提供：『卓球レポート』

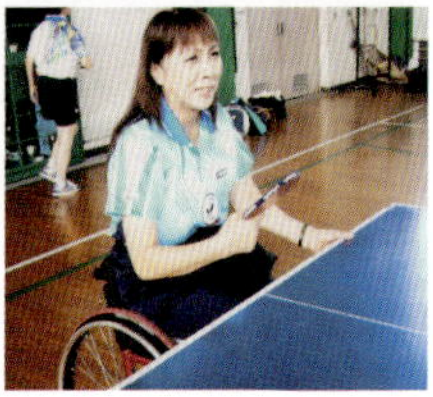

「頭の中にあるのは卓球のことばかり。生活も仕事も、卓球中心に回っていると言っても言い過ぎではない。それほどまでに卓球に打ち込んでいる私だが、車いすを使う生活になるまではラケットを握ったことさえなかった」

世界大会への挑戦

「パラリンピックで背負う日の丸は、それまでとは全然重みが違う。その感覚は、言葉では言い表せないものだ。その雰囲気の中に自分がいることが不思議にさえ思えた。でも、それが刺激になって人生観が変わるし、考え方や生き方も変わる」

ロンドン2012パラリンピック競技大会出場決定!!
祝
別所キミヱ選手
障害者卓球
車椅子クラス5
輝けシャイニー！ 目指せ金メダル!!

ささえてくれる仲間

「『ここで負けてたまるか』という強い気持ちは常に持ち続けている。この場所に立つまでにどれだけがんばってきたか。どんなにたくさんの人が支えてくれたか。それを思って自分の気持ちを奮い立たせる」

写真提供：『卓球レポート』

がんばれ
別所さん

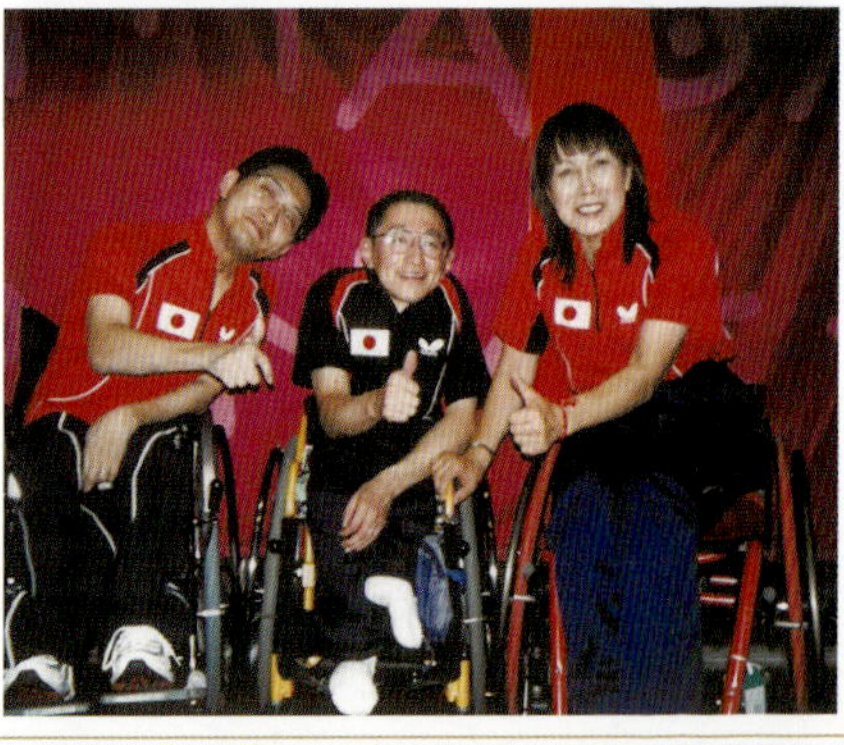

はじめに

「はじめまして！　私のことは『シャイニー』と呼んでください」

現在の職場である郵便局のコールセンターで働き始めるとき、私はそうあいさつをした。この愛称、実は自分で命名したもの。キラキラしたものが好きだということもあるが、それだけではない。私は、車いすの卓球プレーヤー。卓球選手として、人として輝きたいという思いを、この愛称に込めたのだ。

私が卓球と出合ったのは、人生も半ばの45歳の時。きっかけとなったのは、42歳で発症した仙骨巨細胞腫という病気だ。一度目は26時間、二度目は34時間の大手術。延べ１４０人の方に輸血に協力していただいて、命は助かったものの、自分の足で歩くことはできなくなってしまった。

車いすの自分を受け入れられなくて、何度死を考えたことか。けれど、絶望のどん底にいた私に、友人や家族の支えが、一歩を踏み出す勇気をくれた。そして卓球が、新しい人生へと導いてくれた。

最初はほんの遊びのつもりだったのが、どんどん卓球にのめり込み、やがて海外に遠征して国際大会を闘うようになった。そして、56歳にして初めてパラリンピックに出場。以来3大会連続で出場を果たしている。


人並み外れた素質があったのではと思われるかもしれないが、病気をする以前は、ママさんバレーやソフトボールを楽しむ、スポーツ好きのごく普通の主婦だった。

そんな私が、しかも普通のアスリートなら、まちがいなく第一線をしりぞいている年齢で、なぜ障害者スポーツ最高の舞台に立つことができたのか。

特別なことをしてきたつもりはない。ただ、どんなことも一生懸命にやってきた。自分の身の丈より、少し上を目指してがんばることで、成長を積み重ねることができた。

またそれは、私を支えてくれた人たちのおかげでもある。

貴重な血液で私を生かしてくれた人、手術をしてくれた先生方、苦しいときに支えてくれた友人や家族、一緒に練習をしてくれた仲間、応援してくれた人——たくさんの人たちへの感謝の思いが、卓球で世界に挑み続けるパワーの源となっている。

大好きな卓球に無我夢中で打ち込んでいるうちに、いろいろな人から「別所さんを知って、元気をもらった」と言っていただけるようになった。

職場の同僚は、将来のために、2年がかりで資格取得にチャレンジするのだという。「『勉強しなさい』と、子どもを叱ってばかりいるより、親ががんばっている姿を見せるほうが、ずっと子どものためになる。それを、シャイニーに教えてもらった」

そう聞いたときは、すごくうれしかった。その言葉から、私もまた元気をもらった。


思えば、人生最大のピンチに陥ったことが、卓球との出合いという人生最大のチャンスを引き寄せたのだ。病気との闘いはあまりに厳しかったけれど、それがあったからなおさら、一日一日を悔いなく生きようと、強く思うことができた。

たまたま私がチャンスに恵まれたのではなく、きっと誰にでも、どんなときにもチャンスはやってくるのだと思う。要は、それに気づけるかどうか。私は能天気な性格で、いいと思ったら深く考えるより先に何でもチャレンジしてしまう。それが、結果としてチャンスに結びついたのかもしれない。

迷いや悩みを抱えている人や自分探しをしている人、あるいは、自分を変えたい、もっと強くなりたいと思っている人に、そんな私の体験を知っていただくことでお役に立てるなら、これほどうれしいことはない。
いくつになっても私は発展途上。卓球選手として、人として、これからも成長していきたい。この本を読んだ方が、少しでも元気になってくださったなら、そこから私もまた前に進む勇気をいただける。本書が、そんなプラスの循環を生むきっかけになればと願っている。

別所キミヱ

目次

第2章

はじめまして。車いす卓球プレーヤーの私

第3章

世界への挑戦も自分流で

第4章

嫌な選手と思わせたい。強くなるためのハードル

第5章

パラリンピック出場の先に見えたもの

エピローグ　**輝き続ける。私はシャイニー**

装丁・ブックデザイン――宮田裕子（STEREOTYPO）
DTP――福原武志（エフ・クリエイト）
撮影（装丁）――松田　弘
編集協力――江澤恭子

第1章

原点。34時間の大手術のあと、障害が残った

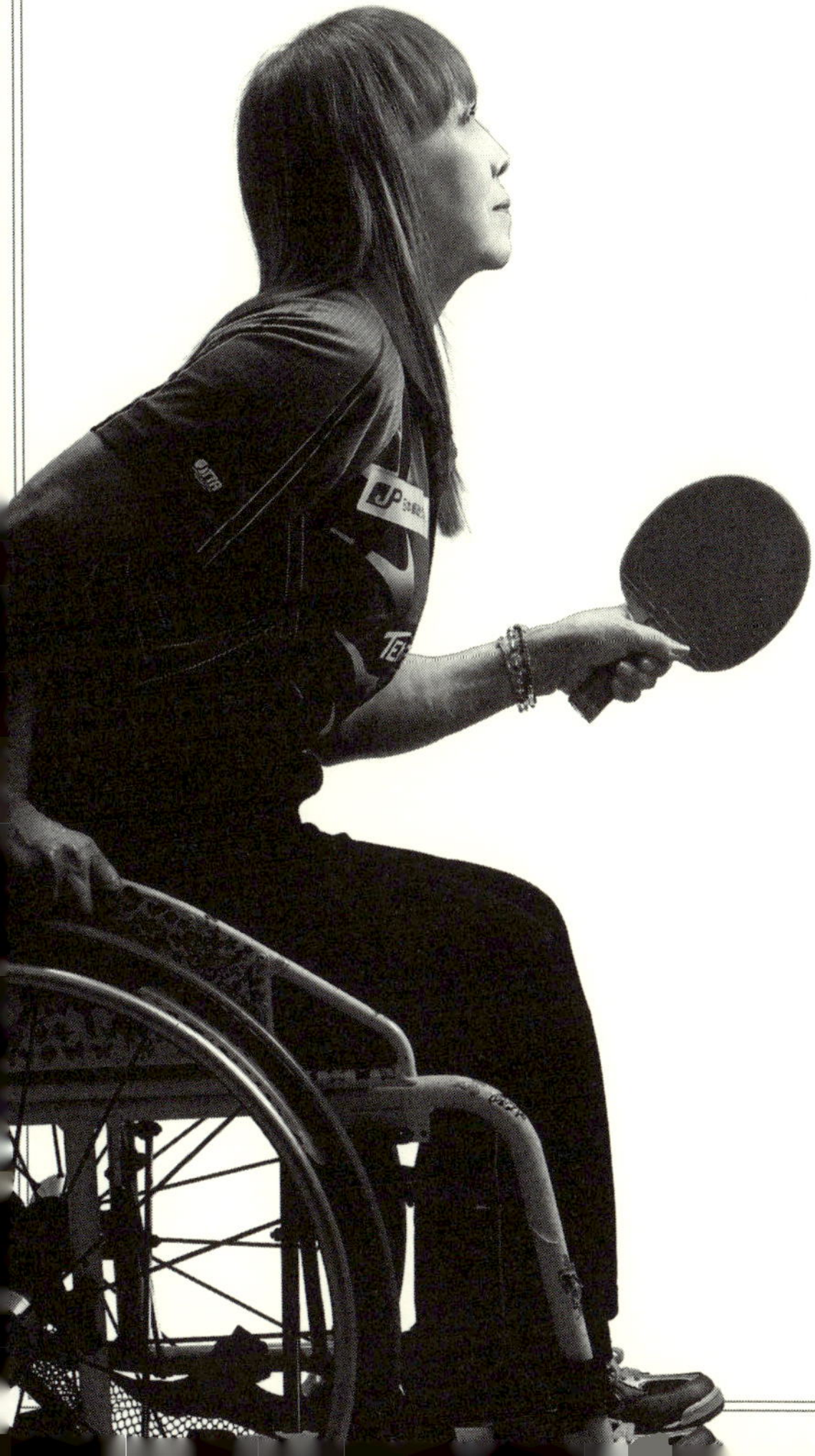

悲しみのあとにやってきた試練

いつも陽気な私だけど、ラケットを握るとちょっと怖い顔になる。あごを引いて、くちびるは真一文字。目に力を込めて前方を見すえる。左手は、車いすのハンドリム（大車輪の外側に固定されたリング）をしっかりと握りしめる。飛んでくる球にすばやく反応するために、力の入らない足の代わりに、ハンドリムをつかむことで上体を支えるのだ。

「コン、コン」と、球を打つ乾いた音が耳に心地よい。相手が自分よりはるかに若い選手であっても、技術も体力も一歩も引かない。そんな強い思いがふつふつとわいてくるのを感じながら、白球を追う。

頭の中にあるのは卓球のことばかり。生活も仕事も、卓球中心にまわっていると言っても言いすぎではない。それほどまでに卓球に打ち込んでいる私だが、車いすを使う生活になるまではラケットを握ったことさえなかった。

私が脚に違和感を覚えるようになったのは、１９８９年のこと。人生二度目の、大きな試練の前兆だ。最初の試練に見舞われたのは、その2年前。私にとってそれは、激しく心を打ちのめされるできごとだった。

87年９月30日。夜中に突然、主人が激しい頭痛を訴えた。

「救急車を呼んだほうがいいんとちがう？」

「いや、こんな夜中に近所迷惑や。明日病院に行くわ」

そのときはまだ、意識もしっかりしていて歩ける状態だった。主人も私も、よもや一刻を争う病気だとは思いもしなかったのだ。

翌朝、私が運転する車で病院に行くと、医師から告げられた病名は「くも膜下出血」。検査を終え、酸素テントの下で横たわる主人の容体は、みるみる悪化していった。ところが先生は、「脊髄に血が入っています」「手術はできません」と言うばかりで、何の処置もしてくれない。

――どうして何もしてくれないのだろう？

不安でいても立ってもいられなかったが、当時の私には、まったくと言っていいほど、この病気の知識がなかった。ひどく動転してしまって、高校で寮生活をしている長男の勇人を呼び戻すのが精いっぱいだった。

――なんとか命だけは助かってほしい。

そんな私たち家族の祈りもむなしく、別れの時はあっけなくやってきた。

入院翌日の未明。

「勇人と将人のことを頼む」

その一言だけを残して、主人は43歳の若さで逝った。

なぜ何の治療もしてくれなかったのかという、医師への強い不信感。それと同時に、なぜすぐに救急車を呼ばなかったのか、なぜ先生に、ちゃんと治療をしてほしいと要求しなかったのかと、自分を責め続けた。

パートタイマーの仕事もやめて、「あのときこうしていたら、ああしていたら助かっていたのでは」と、心の中で堂々巡りを続ける毎日。そうやって1年くらいは落ち込んでいただろうか。

「このままではあかん。子どもたちとの生活を支えるためにも働こう」

ようやく気持ちが前に向き始め、仕事も見つけて暮らしのリズムが戻り始めたころ、今度は私の体に異変が起きた。腰の痛みと脚のしびれに悩まされるようになったのだ。89年の4月ごろ、42歳の時だ。

始めのうちは、近くの整形外科や鍼に通ったりしていたが、はっきりとした原因がわからないまま、痛みはどんどんひどくなっていく。その年の11月には歩くこともできないほどの激痛に襲われ、入院せざるを得なくなってしまった。長い長い痛みとの闘いの始まりだ。最初に入院した病院で椎間板ヘルニアの診断を受け、神戸労災病院に転院。そこで改めて、足の知覚検査や血管造影検査など、いくつかの検査を受けた。

２回におよんだ血管造影検査はめちゃくちゃ苦しかった。造影剤を入れたとたん、脚に火が走ったかのような激しい熱感と痛み。当時私は、絶え間のない激痛を抑えるために、モルヒネを鎮痛剤として使っていたが、それでも耐えられないほどの痛みだった。

そして、検査の結果明らかになった病名は、「仙骨巨細胞腫」。

仙骨というのは骨盤の中央にある骨で、大きさはちょうど手のひらくらい。背骨を支える重要な骨だ。また、巨細胞腫というのは骨腫瘍のことで、腕や脚の骨にも発症する。仙骨にこの腫瘍ができるケースはとても珍しく、巨細胞腫全体の５％程度だという。

いちおう良性腫瘍とされているものの、再発しやすく、そのたびに悪性度が増していく厄介な病気だ。まれに肺に転移することもあり、そうなると命にもかかわってくる。

主治医の裏辻雅章先生の話では、断層撮影で確認した私の仙骨は、腫瘍によって一部が溶けていたそうだ。さらに、脚につながる神経も腫瘍に巻き込まれていたという。

手術は年が明けた1月12日と決まった。

60人の善意に支えられて、26時間の大手術

2回におよぶ手術の前後のことは、記憶があいまいなところが多い。手術前の主治医からの説明も、細かなところはよく覚えていない。痛みのあまり、先生の話を理解するどころではなかったのだ。

手術を待つ間も、ベッドに横たわって痛みに耐えるだけで精いっぱいの毎日。身の置きどころがないとはあのことだ。強い鎮痛剤を使うので、注射の間隔を6時間はあけなければならない。鎮痛剤を使ってもなお痛みは消えないが、頼りはそれだけなので、しょっちゅうナースコールを鳴らしていた。

「鎮痛剤はまだですか。早く注射してください」

「まだ3時間しかたってないでしょ。そんなに打ったら死んじゃうわよ」

「死んでもいいから早く打って」

あまりのつらさに、そんなことを言って看護師さんを困らせたこともあった。

たぶん、前代未聞だと思うけれど、病室で焼肉をしたこともある。手術に備えて栄養を取っておかなければいけないとわかっていても、痛みがひどくて食事がのどを通らない。でも、好

物の焼肉なら食べてみたいと、ふと思ったのだ。

看護婦長さんに相談すると、「別所さんは体力をつけないといけないからね」と、許可してくださった。

家から小さなホットプレートを持ってきてもらい、においが病室にこもらないよう、窓をあけて焼肉をした。ほんの少ししか食べられなかったけれど、婦長さんの好意がありがたかった。

仙骨の近くには大きな血管が集まっているため、手術では大量の輸血が必要とされる。そこで、私の友人や息子たちが知り合いに声をかけて、手術当日は60人もの方が病院に駆けつけ、血液を提供してくださった。

主人が勤めていた会社の人や、友人の友人など、私が直接知らない方もたくさん協力してくださったが、60人ともなると、集めるのにもずいぶん苦労したそうだ。

また、血液型が同じなら誰でもいいというわけではない。私の血液と合わせた時に拒絶反応が起きないかどうかを、前もって調べておかなければならない。協力者の方には事前に検査に来ていただく必要があり、その意味でもとても面倒をおかけしたのだった。

「検査用の血液、今日は3本採らせてもらうね。まるで吸血鬼やね」

婦長さんがそんな冗談を言いながら、連日のように採血に来たことを覚えている。

あまりに人数が多いので、手術当日は「あなたは何時から何時までの間に」と、時間帯を割り当てたそうだ。私は8人兄弟の末っ子なので、このときは母はもちろんのこと、兄や姉たちも、私を案じて故郷の広島から出てきてくれた。そして、友人や息子たちも一緒に、寒い中を夜遅くに来てくださる方のために、病院の炊事場でみそ汁やおにぎりを用意して炊き出しをしてくれた。

90年1月12日。主治医の裏辻先生、整形外科部長の栗原章先生をはじめ、外科、麻酔科など約10人の先生がチームを組んで、手術をしてくださった。おなかを開き、腸を出して、腫瘍のできた仙骨の大部分を取り除く大手術。私が手術室から運び出されたのは、24時間後だった。

病気でもおしゃれは忘れない

手術が無事に終わっても、3カ月間はほとんどベッドに横たわったまま。入院期間は5カ月に及んだ。とはいえ、少し元気になってくると、すぐに私の陽気な性格が顔を出す。患者同士仲良しになって、ドリップコーヒーを入れて喫茶店気分を楽しんだり、ジグソーパズルをたくさん作ったりした。

手術後も脚の痛みやしびれは続き、体もしんどかった。でもそれは、自分にしかわからないことだ。どんなに説明しても、理解してもらうのは難しい。むしろ、わかってもらおうとするとよけいにしんどくなる。それなら少しでも笑って過ごしたかった。

入院生活が何カ月にもなると、染めた髪の毛が伸びて、根元が白くなってくる。私は、そんな自分を見るのが嫌だった。たとえ入院中であってもきれいにしていたい。いっそ黒いマジックで塗ってしまおうかと、本気で考えたくらいだ。

そこで、これまた婦長さんにお許しをいただいて、毛染めもした。洗面台や床が汚れないように新聞紙を敷き詰めて、自分で染めたのだ。

病気の治療中に、それどころではないと思う人もいるかもしれない。でも、そうでなくても病院では気分が落ち込みがちだ。おしゃれをすることで少しでも気持ちが明るくなれば、病気にも前向きに向き合える。私にとっておしゃれは、自分が自分らしくあるためにも必要なものなのだ。

なにしろ私は、子どものころから人一倍おしゃれが好きだった。服を何度も着替えたり、子ども心にクルンとカールした髪にあこがれて、熱い火箸に髪を巻きつけて、焦がしてしまったこともある。そんなところは、おそらく母に似たのだろう。お百姓をしていた母は、畑仕事のときでもネッカチーフで髪を包み、きれいにお化粧することを忘れなかった。

手術から半年がたって、ようやく退院。リハビリに通いながら家で療養をすることになった。そのころは歩くことはできたが、脚のしびれが残っていたし、痛みも消えたわけではなかった。病院で仲良くなった友人の紹介で鍼に通ったり、家では電気治療器も試してみたが、いっこうによくならない。

「おかしいなあ」と、だんだん不安がふくらんでくる。そして、退院後数カ月もすると、前にも増して痛みがひどくなってきた。

90年11月、歩くことができなくなって再び労災病院に入院した。

「別所さん、再発ですね」

裏辻先生の話では、1回目の手術では、神経をできるかぎり残すために腫瘍のある部分だけを取ったので、わずかに細胞が残っていたのだろうということだった。

先にも書いたように、巨細胞腫は、再発を繰り返すたびに悪性度が高くなっていく。再発の可能性を小さくするために、２回目の手術では、さらに広範囲を切除することになった。

34時間後、変わり果てた姿で

２回目の手術も１回目と同じく、年明け早々に行われた。

「去年も今年も、正月は手術のことで頭がいっぱいでしたね」

「重苦しい正月になったなあ」

手術の前に、執刀医の栗原先生と裏辻先生は、二人でそんな話をされたという。お二人にとっても、後にも先にも経験したことのないような難しい手術だった。前回よりさらに多くの輸血が必要だということで、今度は80人もの方に協力していただいた。

この手術では、残っていた仙骨をすべて取り除くことになった。不安定になった左右の骨盤に２本の金属プレートを橋渡しし、さらに自分の両脚の腓骨《ひこつ》をはずして移植し、固定する。腓骨とは、すねの骨の外側に並行する細い骨のことだ。自分の骨を移植すると、やがて元の骨と同化して、しっかりと固定されるのだという。

つまり、手術では両脚を切って腓骨を取り出し、お腹を開いて仙骨を切除。次に背中側を開いて金属プレートと腓骨を移植するというわけだ。こうして書くだけでも恐ろしいような手術だけど、当時の私は、「この激しい痛みから逃れられるのなら、どうにでもして」という思いだった。まさにまな板の上のコイの心境だ。

2回目の手術は34時間にもおよんだ。

手術中、1度は心臓が止まり、終盤にはベテランの麻酔科医が、「これ以上麻酔を続けると、心不全を起こすかもしれません」と心配したほどだったという。

先生方にとっては体力的にも過酷な手術だった。中でも主治医の裏辻先生は、途中1時間の休憩を取っただけで、不眠不休で執刀してくださった。

「手術室から出てきたときの先生たちの顔、ほんまにヘロヘロやったもんなあ」

息子たちはいまだに当時を思い出してそんなことを言っているが、もう一つ、息子たちの語り草になっていることがある。

手術中、背中側を開くために長時間うつ伏せにされていた私は、顔がパンパンにむくんでいたらしい。実は、いつもは前髪で隠しているが、私のおでこは人一倍広い。そこに加えて顔がむくんだものだから、手術室から出てきたときの顔はそうとうに悲惨だったようだ。

「あれ、おかんやろか？　でも、ごっついおでこしとうな。違うで」

「いや、裏辻先生が一緒やから、おかんやで」

2人はそんな言葉をかわしたとか、かわさなかったとか。

「おかんの手術したときの顔、ほんま笑ろてしもたで」

今でこそ、そんなふうに笑い話になっているが、手術当時、長男の勇人は22歳、次男の将人が20歳。親友や私の母、兄、姉たちが一緒にいてくれたとはいえ、どんな思いで変わり果てた母親の姿を見ていたことだろう。

手術後に腫瘍を見せてもらった息子たちの話によると、腫瘍は赤ちゃんの頭ほどの大きさにまで成長していたという。また、これは元気になってから知ったことだけれど、息子たちは先生から、「この病気には再発例があって、お母さんは長くは生きられないかもしれません」と聞いていたそうだ。

病床の日々。ハトがうらやましかった

手術は成功した。けれどベッドから起き上がれる日はまだまだ先だ。ひたすら天井を見つめ、ガーゼ交換をしてもらう毎日。激しい痛みとの闘いも続いた。

自分では覚えていないが、ようやく重湯を食べられるようになったころ、息子に「食べたいものはない？」と聞かれた私は、真冬だというのに、「スイカ」と答えたそうだ。スイカは私の大好物。母の作るスイカはとても甘くて、天下一品だったから。

息子は会社の人と一緒にスーパーや百貨店を探し回ってくれたが、どこにも売っていなくて、ずいぶん困ったのだという。

幸い、あれだけ広範囲にメスを入れたのに、傷は化膿することもなく、1週間で抜糸することができた。また、大量の輸血にもかかわらず黄疸も出なかったのには、裏辻先生も驚いておられた。

傷が癒えてくると、また新しい試練がやってきた。胸の上から膝までを、ギブスでがっちりと固められたのだ。

横になったときに、脚の重みでギブスが割れないように、両脚のギブスの間にはすりこ木の

ような支柱が取りつけられていた。自分で寝返りが打てないので、床ずれにならないよう、2時間おきに体位を変えてもらわなければならない。そのときに、看護師さんたちは、この支柱を持ってよいしょと私をひっくり返す。自分がミノムシにでもなったように思えた。

さらに、筋肉がすっかり落ちているので、骨の出っぱったところがギブスに当たって痛くて仕方がない。

「若いからもう骨もくっついてるわよ。早くギブスを切って」と、婦長さんに何度訴えたことだろうか。このころはとにかく痛くてしんどくて、自分でもよくぞ耐え抜いたと思う。

2回目の手術では、仙骨をはずすために神経を切るしかなかったそうだ。そのため、膝の曲げ伸ばしはなんとかできるが、足首は動かない。

「手術後は歩けなくなりますよ」

手術の前にそう説明を受けていたはずだが、一刻も早くこの痛みをなんとかしてほしいという思いで頭がいっぱいで、手術後のことまで考える余裕はなかった。

それでいて、先生にこんなお願いをしたことだけは覚えている。

「私はまだ将来がある身だし、スカートだってはきたいから、脚の傷が目立たないよう縫い目は小さくしておいてください」

細かく縫うと抜糸が大変だからと、残念ながらこのお願いは却下されてしまったのだが。

手術後1週間ほどたって、「別所さん足を上げてみて」と言われ、足首が動かないことを実感した。退院する日がやってきても、おそらくもう自分の足で歩くことはできない。そこから先は車いすの生活になるのだと頭では理解したが、そのころはまだ痛みに耐えるだけで精いっぱい。本当の意味で車いすの自分と向き合うのは、退院してからのことになる。

何カ月もの間、天井と空ばかりをながめる日が続く。窓の外を飛んでゆくハトが、つくづくうらやましいと思った。

5カ月ほどしてギブスが少し短くなり、6カ月が過ぎて骨がくっついてくると、ようやくベッドを5度、10度、15度と少しずつ上げて、上体を起こせるようになった。

それも最初は、起こしてすぐにまた寝るといった調子だ。何カ月も寝た状態でいたので、少し体を起こしただけでも、ザーッと血液が下がって頭がクラクラとする。

ギブスが取れて、リハビリ用の台に体をベルトで固定して立てるようになるまでに、さらに1カ月ほどかかっただろうか。1日に1回、わずか10分ほどのお立ち台タイム。それでも血液が一気に下がって、足がナスビのような青紫色になった。

そうしてだんだん立てるようになると、今度は座る訓練だ。これもまたつらかった。なにしろずっと寝たきりだったので、お尻がやせて骨と皮になっている。痛くて5分も座っていられなかった。

毎日が痛みとの闘い

ベッドに寝たままの入院生活だったが、何もしなかったわけではない。いずれ車いすになるのだから腕を鍛えておこうと、ベッドの支柱にゴムチューブを結んで引っ張ってみたり、粘着ローラーにフェルトを巻いて自分で足をマッサージしたりと、いろいろ工夫をした。

婦長さんに、針を1本だけ使うことを認めていただいて、横たわったまま刺繍や編み物をしたり、クッションを作ったりしたこともある。昔、母に教わったように、磁石をそばに置いて、針だけは失わないよう気をつけた。

「よく次々とすることを考えつくわねえ」

婦長さんはそう言って感心していたけれど、激しい痛みを少しでも紛らわせるために、何かせずにはいられなかった。

入院中は付き添いが必要だったので、長男は仕事を辞めて、次男と交代で来てくれた。私の兄や姉たち、そして友人もローテーションに加わってくれて、本当にありがたかった。自分の時間を削り、電車を乗り継いで来てくれた友人や家族。思い返すと、今も胸が熱くなる。闘病中に友人からもらったクッションや小物は、ずっと私の宝物だ。

友人や息子たちには、どんなに痛くても心配させるようなことは言いたくなかった。だから病室では冗談ばかり言っていたのだけれど、やはりみんなには私が我慢していることがわかっていたと思う。

「冷たい脚やなあ」「細くなったなあ」

息子たちは病室に来ると、いつもそう言いながら私の脚をさすってくれた。その間だけは、脚の痛みも少しは楽になるような気がしたものだ。

ただ、家族や友達の前で我慢している分、看護師さんたちの前ではついわがままが出てしまうこともあった。

「痛くてもう我慢できない。死んでもいいから鎮痛剤を打ってください」

そんなことを言っては困らせた。夜も眠れず、睡眠剤をもらってようやくウトウトするような毎日だった。

婦長さんとはその後もずっとおつき合いがあるが、「あのときは別所さんが苦しんでいるのに、何もできなくてごめんね」なんて言ってくださる。よい婦長さんに恵まれて、本当に幸運だったと感謝している。

母からの手紙

広島で暮らす母からは、足が痛くてあまり見舞いに行けないからと、何通もの手紙が届いた。私へのいたわりの言葉や自分の暮らしぶりの報告と並んで、いつも必ず、輸血をしてくださったたくさんの方々、そして私を支えてくれる友人への感謝の言葉がしたためられていた。

看病をしてくれる友人に宛てて、お米や小豆や、自分で手作りしたものを、折にふれて送ってくれていることも書かれていた。苦しむ私のために、何かしてやりたいという母の気持ちが切々と伝わってくる。ありがたいと同時に、老いた母に心配をかけていることが切なかった。

私も、手術から1カ月後には横たわったまま手紙を書いた。その手紙を読んだ母からの喜びにあふれた返信は、今も忘れられない。

「ポストを開けて手にした一通の手紙。見れば貴女《あなた》からの便り。私はまあと、驚きとうれしさに早速開封しました。よくこんなにお便りが書けたものと、私は涙ばかり出てしまって、いつまでもいつまでもお手紙を読んでいました」

母からの手紙はそんなふうに始まって、最後は「返事を書くことは大変ですから、たびたびくださらなくていいです」と結んであった。

母は、私が病気になった原因が、娘を産んだ自分にあるかのように思っていた。

「私が代わってあげられたらいいのにねえ」

そんな言葉が私にはとてもつらかった。だから、母への手紙には痛みのことは触れず、見舞いに来てくれた友人のことや息子たちのことなど、たわいもないことばかりを書いた。

私の2回目の手術から3年後の94年11月16日、母は84歳で他界した。私が卓球でパラリンピックに出場する姿を見せてあげられなかったのが残念だ。

でも母のことだ。喜ぶより先に、「あまり無理したらあかんよ」と、私の体のことをいちばんに心配したことだろう。

車いすが嫌だった

私はキラキラしたものや、かわいいものが大好きだ。たとえばミッキーマウス。大人げないと言われるかもしれないが、私の車いすには、ミッキーマウスの絵柄のホイールカバーがついている。

車いすだから、目立たないよう地味な服装をするという人もいるが、私は正反対。車いすだからこそよけいに派手に装いたい。最近は忙しくて不精をしているが、以前はいつも車いすにワックスをかけて、ピカピカに磨いていた。

「ほら、私を見て！　この車いすを見て！」

車いすで町をゆく私からは、そんなオーラが出ているはず、と思うのだけれどどうだろうか。

とはいえ、そんな気持ちになれたのは、退院後ずいぶんたってからのこと。歩けなくなることはわかっていたが、頭で考えるのと、現実に車いすを前にしたのとでは全然違うものだ。

10カ月におよぶ入院生活を終えて、いよいよ家に戻ることになったときは、退院の喜びよりも不安のほうが大きかった。これから、車いすでどうやって生きていけばいいのだろうと、途方に暮れた。息子たちはまだ20歳そこそこ。主人が生きていてくれればと、この時ほど思ったことはない。

主人は面倒見のいい人で、以前住んでいた団地では自治会長をしていた。害虫駆除のために住民全員が外に出されたときには、子どもたちを集めてゲーム大会を開くなど、人を楽しませるのが好きな人だった。

民生委員も3年間務めた。私も主人を手伝って、一人暮らしの高齢者を訪問したり、ご飯を作って届けたりしていた。

夫婦そろってスポーツが好きで、主人は子ども会のソフトボールのコーチ。私も地域のママさんバレーやソフトボールをしたり、子どもたちにバレーボールを教えたりしていた。

「別所さんたちみたいな夫婦になりたいなあ」と、みんなからうらやましがられるほど仲のよい夫婦だった。

お酒が好きで、「俺は酒を飲むから肝臓はあげられへん。でも角膜なら大丈夫や。俺に何かあったらアイバンクに連絡してな」

そう言って、アイバンクの登録証を免許証と一緒に持っていた。

申しわけないことに主人が亡くなったとき、私は動転して、すっかりそのことを忘れてしまっていた。登録証を見つけたのは四十九日を過ぎてからだ。

そんなふうに、主人は障害のある人の役に立ちたいという思いも人一倍強かった。生きていてくれたら、どんなに心強かっただろう。病気の知識がないばかりに何もできなかったことが、悔やまれてならなかった。その後悔だけは、今も変わらず私の中にある。

できないことを嘆くより、できることを喜べばいい

退院後はほとんど家に閉じこもっていた。さっそうとスポーツを楽しんでいた自分とのあま

りに大きなギャップ。「お気の毒に」と思われているようで、人と会うのも、車いすを見るのも嫌だった。第一、脚が痛くて10分と座っていられないのだ。

松葉づえで歩きたくて、みんなが寝静まったあとにこっそり練習をしたこともあった。せめて、松葉づえでかっこよく玄関から出られるようになりたい。そう思って数カ月間は練習したけれど、やっぱりうまく歩けなかった。裏辻先生にも「転んだら骨折するからやめなさい」と言われて、結局はあきらめた。

このころは、こんな私に生きる価値があるのか、いっそ死んでしまったほうがいいのではないかと、何度も思った。一方で、輸血に協力してくださった140人もの皆さんの好意や、毎日のように訪ねてくれる友人、不眠不休で手術をしてくださった先生たちのことを考えると、いただいた命を決して粗末にはできないという思いもある。心の中は毎日が葛藤だった。

息子や友人は、何とか私を外に引っ張り出そうと、いろんなところに誘ってくれた。けれど、当時は障害者用トイレが今ほど普及していなかった。トイレはどうしようと考えるだけで気持ちがなえてしまうのだ。

「私は家で留守番してるから、みんなで行ってきて」と、いつも断っていた。外に出るのは1日に1回、鎮痛剤の注射を打ってもらうために、勇人の運転する車でかかりつけの病院へ行くときだけだった。

おかしなことに、勇人はいつもその病院の看護師さんに、私の主人とまちがえられていた。

「別所さん、あんた幸せやね。優しい旦那さんで」

「いえ、この子は息子です」

そう説明しても、次に行くとまた別の看護師さんに同じことを言われる。そのうち面倒になって訂正するのをやめてしまったが、当時勇人は22歳。そんなに老けて見えたのか、それとも私が若く見えたのか。これもまた、我が家の笑い話になっている。


そうしたある日、私の気持ちを大きく変える言葉と出合う。毎日のように見舞いにきてくれていた、親友の椿野利恵《つばきのとしえ》さんが、私にこう言ったのだ。

「できないことを嘆くより、できたことを喜べばいいのよ」

ああそうだなと、ストンと胸に落ちた。確かに車いすではできないことがたくさんある。けれど、ゼロからスタートするのだと思えば、これからやることはみんなプラスにできるではないか。

もちろん、すぐに気持ちを切り替えられたわけではないけれど、この言葉をいつも心に思うことで、少しずつ前を向けるようになっていった。

のちに聞いたところでは、椿野さんはその言葉のことを覚えていないそうだ。彼女にとっては何気なく言った一言が、私にとっては大きな意味を持つ言葉だった。生きるためには努力が必要なのだと、そこから思うようになった。

ちょうどそのころ、友人が喫茶店を開き、店のレジの横で、私が作った小物を販売してくれることになった。もともと手芸や裁縫が得意だった私は、ぬいぐるみやキーホルダー、アームバンドなどの小物を作って店に置いてもらうことにした。そして小物が売れると、そのお金で材料を買って、また新しい商品を作った。

そのうち、お客様から注文が来るようになった。すると、ますます制作意欲がわいてくる。最初は10分と座っていられなかったのが、あと少し、あと少しと思いながら手を動かすうちに、いつの間にか座っていられる時間が長くなっていった。

退院後半年を過ぎたころには、鎮痛剤の注射もやめた。いつまでも息子に送り迎えをしてもらっていてはいけないと思ったからだ。夜も眠れない痛みが続いていたけれど、やめると決めた。耐えて耐えて、耐え続けるうちに、我慢ができるようになった。

ようやく車いすで外に出かけられるようになったころには、退院から1年が過ぎていた。

album 1

さっそうとスポーツを楽しんでいたころの１枚。「人並み外れた素質があったのではと思われるかもしれないが、病気をする以前は、ママさんバレーやソフトボールを楽しむ、スポーツ好きのごく普通の主婦だった」

第2章

はじめまして。車いす卓球プレーヤーの私

車いすでもスポーツをしたい

友人や家族に支えられて、ようやく気持ちが前向きになってきた私に、大きな転機が訪れた。きっかけは、障害者スポーツを取り上げた新聞記事だ。たしか車いすバスケットボールの記事だったと思う。それまで私は、障害者スポーツのことは何も知らなかった。

――障害があってもスポーツができるの？ どんなふうにするんだろう。見てみたい！

そんな思いがむくむくとわいてきた。

記事に載っていた兵庫県立総合リハビリテーションセンターにある身体障害者体育館に問い合わせると「ビデオもありますから、一度見に来てください」と勧められ、早速、息子が運転する車で行ってみた。

体育館に入ると、最初に目に飛び込んできたのは、車いすでバスケットボールをしている選手たち。片腕、片脚のない選手が、車いすを軽快に操ってボールを追う姿に驚いた。同時に、そこにいる誰もが、さっそうとして輝いて見えることに感動した。

私ももう一度スポーツをやりたい！ でも何ができるだろうか。バスケットボールのような激しい運動は、腰に金属プレートが入っているからできない。寒がりだから外でするスポーツもだめ。長年親しんだバレーボールをやりたいけど、床に座ってプレーするから、きっと腰や脚に負担がかかるだろうな……そうやって、消去法で残ったのが卓球だ。

経験はなかったが、やると決めたら迷いも不安もない。中学校で卓球をやっていた勇人が、「僕がいいのを買ってきてあげるわ」と言って、すぐにラケットを用意してくれた。

真新しいラケットを手にしたときの、あのはずんだ気持ちは忘れられない。そのラケットは今も大切に置いてある。

そして翌週、私はもう卓球台の前にいたのである。

身体障害者体育館では10人くらいの障害者が集まって卓球を楽しんでいた。私も見よう見まねで、ポコンポコンとラケットに球を当ててみる。

――初めてにしては、我ながらうまいんとちがう？

気をよくして練習に通い始めたが、最初は遊びのつもりだったから、服装はひらひらのスカートやオーバーオールといった普段着。車いすも病院のロビーに置いてあるようなごく普通の車いすで、とてもスポーツに耐えるようなものではない。

一緒に練習をした仲間たちは、「別所さんのあのときの格好はひどかったよなあ」「よくあんな服着てやってたなあ」と言って、今も私のことをからかう。

「なんでそのときに言ってくれへんかったん！」

などと返しているが、当時の私は、ずいぶん元気になったとはいえ、まだ暗い顔をしていた。心優しき仲間たちは、私を気遣ってくれていたのだろう。

仲間たちにはお酒の好きな人が多くて、練習後はみんなでよく飲みに行った。私は飲めないけれど、おつき合いをするのは好きなのだ。練習の送迎も、初めのうちは息子にやってもらっていたが、「仕事の帰りに迎えに行ってあげるわ」『同じ方向やろ、乗って帰り」と、みんな気軽に声をかけてくれて、ずいぶん助けてもらった。

最初は週に1回、水曜日だけの練習だったけれど、少し打てるようになると、おもしろくなってもっと練習したくなる。ほかの場所で開かれている健常者向けのママさん卓球教室にも参加するようになって、自分でもめきめきと上達していくのを感じた。さらに別の体育館でやっている練習にも参加。いつの間にか週に3日を卓球の練習にあてるようになっていた。

腕が上がると試合にも出たくなる。もっとも最初は、半分は遊びが目的だ。試合は大阪や和歌山などいろいろな地域で開かれるので、それが終わってから仲間と観光をするのがお目当てだった。

ところが、私は自分でも不思議なくらいよく勝って、たいてい決勝戦まで行ってしまうのだ。勝つ喜びを知ると、勝利への執着がわいてくる。また、試合をすると自分の欠点や課題が見えてくるから、それを克服しようと、練習にもいっそう熱が入るようになる。

私の卓球はほとんど自己流で、指導を受ける機会はママさん卓球教室くらいしかなかったが、それでも少しずつ力をつけながら、卓球のおもしろさにどんどんのめり込んでいった。

もともとスポーツは子どものころから得意だったから、うまくなる素地はあったのかもしれない。

私の故郷は、西中国山地のほぼ中央に位置する広島県安芸太田町。冬ともなると腰まで雪が積もるような山間の町だ。交通の便が悪く、土曜日などは2時間に1本しか汽車がない時間帯もあった。

そのため、中学、高校時代は、汽車を待つより早いからと、山道を1時間ぐらいかけて歩いて帰った。当時から、ボーッと何もせずに待っているのが我慢できない性分で、それよりも、山道で野イチゴやアケビを摘みながら帰るほうが、よほど楽しかった。そうした中で、自然に足腰が鍛えられたのだろう。

小学校のホームルームといえば、必ずソフトボールだ。当時はグローブなどなくて、素手でボールをキャッチしていた。

高校は田舎の学校で、しかも昔のこと。クラブ活動は盛んではなく、私もバレーボールを少しやったくらいだった。けれど足が速かったものだから、陸上部でもないのに、ハードルと走り高跳びの学校代表として県大会に出場したこともあった。

結婚してからもママさんバレーやソフトボールチームで活動し、ソフトボールでは5番、サードを守った。スポーツは、私の人生にとって欠かせないものだった。

卓球チーム「ドリーム」結成

いいと思ったことは何でも、まずやってみるのが私のモットーだ。最初から結果をあれこれ考えたりしない。そして、やってみてできなかったら「ごめんなさい、できません」とはっきり言ってしまう。

卓球を始めて間もなく、身体障害者体育館で練習を共にする仲間たちと結成した卓球チーム「ドリーム」の活動もまさにそれだった。もっとたくさんの人に、卓球の楽しさを知ってもらいたい。そんな思いで始めた活動だ。

「ドリーム」最大のイベントが、毎年2回開催していた初心者向けの卓球大会だった。会長はずっと私が務めていたが、「あなた、あれ買ってきて」「これ用意してね」と、指示を出すのがおもな役どころ。実働部隊は歩ける人にお願いしていた。

卓球大会といっても、参加者には軽度障害から重度障害までいろいろな状態の人がいるので、ラリーができない場合もある。そこで、重度障害の人にも楽しんでもらえるよう、あれこれ工夫を凝らした。

ゆるい球を出して打ち返してもらい、卓球台にザルを置いて、ここに入ったら50点、ここなら30点といった調子で合計点を競うのだ。

ささやかな賞品も用意して、最後は勝ち負けに関係なく、全員で大抽選会。広報はもっぱら口コミが中心だったけれど、みんなとても楽しみにしてくれて、毎回100人もの人が集まる人気のイベントだった。大会に参加できない人がいる施設へは、私たちが訪問して卓球教室を開いたこともあった。

私は、みんながワイワイ言いながら笑っている顔を見るのが大好きだ。だから、「ドリーム」の活動はとても楽しかったけれど、結成から4、5年もすると、だんだん自分の競技との両立が難しくなってきた。大会で上位を目指すようになり、自分の練習に集中する時間がもっとほしいと思うようになっていったのだ。

結局、私が会長を降りたことで卓球大会の開催も終了。やむを得ない決断だったとはいえ、しばらくは「『ドリーム』の大会はないの？」と、ずいぶん問い合わせをいただいた。楽しみにしてくれている人がたくさんいたのだと思うと、「ごめんなさい、今はやってないんです」と、お断りするのがとてもつらかった。

「ドリーム」のことを思い出すと、今も昔も、私には二つのことを同時にするのは向いていないと、つくづく思う。

働いて社会とつながりたい

卓球を始めて、私は新たな目標を持つようになった。社会ともっとつながるために、仕事をしたいと思ったのだ。ちょうど、総合リハビリテーションセンターの一角に、障害者のための技術専門学院があった。まずはそこで技術を身につけてはどうかと、卓球の仲間がアドバイスしてくれた。

けれど、息子に毎日学校まで送ってもらうわけにはいかない。車を自分で運転できるようになろうと、もう一つ目標ができた。

ところが、思いがけず息子たちの反対にあう。

「事故になったらどうするねん。自力で車から逃げ出されへんやろ」

「その時はその時。お母さんは将来のために技術を身につけたいのよ」

最後は息子たちが折れて、技術専門学院の入学試験に合格したら、車の運転も認めてくれることになった。

私は、中学・高校生の子どもがいる友人や親せきから、国語や社会、数学の教科書を借りて一生懸命に勉強した。試験本番は、国語には自信があったものの、数学は図形がさっぱりわからなくて、でたらめを書いたと記憶している。

94年4月。晴れて兵庫県立障害者高等技術専門学院の生徒になった。

私が入った宝飾工芸科は、定員わずか3人の狭き門。これから社会に出て働こうとする障害者を支援するための学校なのだから、学院全体を見渡しても、生徒はほとんど20歳前後の若者ばかり。当時47歳の私は最高齢だった。


約束どおり、息子からは運転の許可が出た。

私のように足でアクセルやブレーキを踏むことができない人でも、手動運転装置を取りつけた車なら運転することができる。手動レバーですべての操作ができるようになっているのだ。教習所で2日間かけて操作方法を習ったが、いざ車が到着して一人で運転するとなると、怖くて仕方がない。

ところが、昔から私は、何か困ったことがあると、必ず助けてくれる人が現れるのである。このときは、手動運転装置を取りつける会社の和田さんという人が、「私が助手席に乗ります」と言って、丸1日、私の運転につき合ってくださった。

こわごわハンドルを握る私に、和田さんは、「それでいいですよ。その調子、その調子」と、おだてるばかりで決して駄目は出さない。だんだん自信がついてきて、なんとか乗りこなせるようになったが、悪くすれば事故を起こしていたかもしれない。よくぞ隣に乗ってくださったものと思う。

あとになって聞くと、私の運転は、実はすごく怖かったそうだ。和田さんは半ば命がけで乗ってくれていたのだ。助手席から下手に口を出すと緊張してかえって危ないと考えて、我慢していたのだという。

残念ながら、和田さんは故人となられたが、その後も車のメンテナンスなどでお会いするたびに、お好み焼きをごちそうしていただいたりして、ずいぶんお世話になった。

運転ができるようになったことで、私の世界は１８０度変わった。好きな時に練習に行って好きな時に帰れる。迎えの時間を気にして仲間の誘いを断る必要もない。「水を得た魚」とはこのことかと思うくらい、身も心も軽やかになった。

毎日がどんどん楽しくなっていったのはこのころからだ。

大震災で目指す仕事への道が閉ざされる

宝飾工芸科では、宝石の鑑定やサイズ直しのやり方、ガス溶接技能講習の資格取得のための勉強などをした。でも、残念ながら、そうした技術を生かして就職するという夢はかなわなかった。

それというのも、卒業を2カ月後に控えた95年1月17日、阪神淡路大震災が起きたからだ。

あの日の朝、私はちょうどベッドの上で起きる準備をしていた。そこへ突然、ドーンと突き上げるような激しい揺れ。これは尋常ではないと部屋の中にあったテーブルの下にもぐりこんだ。家の中は、物が落ちて散乱したり、断水したりしたものの、幸い家そのものには被害はなく、家族も全員が無事だった。

すぐにテレビをつけたが、被害の状況がよくわからない。よもやあれほど大きな被害が出ているとは思わなかったので、車で学院まで行ってみると、先生たちも様子を見に来られていた。

宝飾工芸科では、私たち生徒3人が作った指輪を、宅配便で東京のコンクールに送ったばかりだった。これでは東京に届かないのではないかと担当の當山《とうやま》清盛先生が心配しておられたが、予想通り、指輪は宅配業者から戻ってきてしまい、コンクールに参加することはできなかった。

就職にも影響があった。被害の大きかった神戸市では都市機能が麻痺しており、宝飾関係で、しかも障害者雇用の枠での求人などまったくない。代わりに学校が紹介してくれたのが、ＵＣＣ上島のグループ企業で、カフェなどを運営するユーシーシーフードサービスシステムズだ。採用面接では、なぜ車いすを使うようになったのかを説明し、こう訴えた。

「私は今のままの自分ではいけないと思っています。仕事を通して社会と交流したいんです。車いすだから、できることは限られるかもしれません。でも、どんなことでもいいからやらせてください」

面接をしてくださった当時の社長は、私と同じ広島の出身だったこともあって話が盛り上がり、「うちは意欲のある人は大歓迎や。すぐに来て」と即決してくださった。

学校を卒業し、就職も決まった。バンザイ！　といきたいところだけど、一つ問題があった。当時の私はまったくの世間知らずで、自分一人で明石から外に出たことなどほとんどなかった。震災で道路は寸断されていて、職場のある神戸まで車を運転して行こうにも、どのルートを通ればいいのかさえわからなかった。

ところが、ここでもまた助けてくれる人が現れた。障害者高等技術専門学院でお世話になった當山先生だ。日曜日のたびに私と一緒に車に乗って、神戸まで運転しながら、どの道を通れば安全で早く行けるのかを考えてくださった。

私の不慣れな運転に、命がけで同乗してくださった和田さんにしてもそうだけれど、何か困ったことがあると、必ず助けてくれる人が現れる。でもそれは、実は誰にでも当てはまることではないだろうか。大事なのは、まずは自分から行動を起こすこと。そうすればきっと、サポートしてくれる人が現れるのだと思う。

中傷に負けない。カフェの仕事も全力で

震災の年の5月から、私は神戸市立医療センター中央市民病院のカフェで働くようになり、翌年、神戸市役所の24階展望ロビーにあるカフェに異動した。震災後1年くらいは、街のあちこちにガレキの山があって、運転しているとベニヤ板や波板が風にあおられて飛んできて、何度もヒヤリとさせられた。

このころすでに、卓球の大きな試合に出るようになっていた私は、「卓球教室のある火曜日は、

仕事を休ませてください」と、最初にお願いしていた。けれど、それ以外は精いっぱい働いた。

私の担当はレジで、売り上げの計算や納品伝票の整理、出前の請求書作成などがおもな仕事だ。でも私は、ただ与えられた仕事だけをするのではなく、少しでも職場の仲間に喜んでもらえるような働き方をしたくて、自分なりに工夫をした。

たとえば、毎年12月に開かれる神戸ルミナリエの時期には、たくさんのお客様が来店する。そこで、その期間中の売り上げを商品ごとにデータ化して、仕入れの参考にしてもらえるようにした。

また、レジに座っているだけでなく、請求書を市役所の各部署に配ったり、銀行に両替に行ったりすることも自ら望んでやらせてもらった。じっと座っていると、楽をしていると思われるらしく、「座ってばっかりで気楽な仕事やな」なんて言われることがある。そんな中傷に負けたくなかったからだ。

カフェの仕事で何より楽しかったのは、お客様とのコミュニケーションだ。何度も足を運んでくださるお客様は、お顔とお気に入りの席を覚えておいて、いつもその席にご案内するようにした。

あるとき、そんなお客様の一人から手紙をいただいた。手紙には、「いつも優しく対応していただいてありがとう。あなたの笑顔に元気をもらっています」と、お礼の言葉が書かれていた。

高橋勢津子さんというその方は神戸が大好きで、名古屋から日帰りでやってきては、カフェに立ち寄ってくださっていたのだ。ほかのお客様にもよくまちがえられたのだが、いつもレジにいる私を店長だと思っていたのだとか。その後も、神戸に来るたびにお土産をいただいたりして、すっかり仲良しになってしまった。

たぶん私より10歳ばかり年下だと思うが、大変な読書家で、「スポーツ選手は、こんなものを食べるといいと書いてありましたよ」などと、いろいろなことを教えてくれる頼りになる存在だ。「私専属の心療内科の先生」と勝手に呼んで、メンタルなことで迷いがあるときは、いちばんに相談に乗ってもらうことにしている。

そのうち理学療法士のご主人とも親しくなって、5年前には、ご主人が教員をしている東海医療科学専門学校で講演をさせていただいた。そのとき講演を聞いてくれた生徒さんとは今もメールのやり取りをしている。高橋さんとの出会いをきっかけに、おつき合いの輪も広がった。

カフェでは、お客様からいただきものをすることもよくあった。最初に働いた市民病院のカフェでは、「いただきものです。食べてください」と書かれた紙と一緒にスイカが置いてあったり、

「この前は赤い車がありませんでしたね。体調が悪いんでしょうか」などと書かれた手紙をいただいたりした。

当時、私は真っ赤な軽自動車に乗っていて、病院の駐車場に着くと、車から車いすに乗り移って出勤していた。そのようすを、どこからか見守ってくださっていたのだろう。

市役所のカフェに移ってからも、知らない方から食品やお菓子を何度かいただいた。毛ガニが届いて驚いたこともある。私のことを応援してくださる方がたくさんいるということに、とても励まされた。もしこの本を読んでくださったなら、心から感謝の気持ちをお伝えしたい。

カフェには足かけ15年勤めて、09年に卓球の練習時間を確保するために退職したが、今でもお客様が「別所さんはいないの?」と訪ねて来てくださるという。また、神戸の街を散歩すると、当時のお客様が必ず一人や二人は「別所さーん」と駆け寄ってきてくださる。この仕事で得たたくさんの人とのつながりは、私の大きな財産だ。

車いすマラソンで知った「私はまだまだやれる」

卓球の試合に出るようになって、私はもっとたくさん試合をしたいと思うようになった。そこで、4、5年たったころから、障害者の大会だけでなく、一般の卓球大会にも参加するようになった。最初に挑戦したのは新日本スポーツ連盟が開く大会だ。

健常者を対象とする大会なので、「車いすでプレーしますけど、いいですか」と問い合わせて、出場を認めてもらった。出場選手の中で、車いすは私一人だけだ。

試合は選手の力量によってブロックが分けられていて、そのブロックで優勝すると、次は1つ上のブロックで闘うことができる。私は最初、14部くらいにエントリーした。最終的に1部に上がることを目標にしていたが、4年ほど前に目標を達成したので出場に区切りをつけた。

3年前から新たに挑戦しているのが、大阪レディース卓球連盟主催の大会だ。この大会は1組から30組まであって、目指すのはやはり1組出場。一時は2組まで上がったが、欠場が続いて、今は4組に下がってしまった。

この大会では1年ほど前から、私のために車いす対応の卓球台を用意してくれるようになった。普通の卓球台は、台の脚に膝が当たるので、けがをしないようサポーターをつけておかなければならない。おかげでプレーもしやすくなって、とても感謝している。

大会によっては、ほかの選手が車いすにぶつかると危ないからと、出場そのものを認めてもらえないところもある。けれど私は、健常者とダブルスを組んで試合に出ることもあるのだ。障害の有無に関係なく、純粋に技と力で競い合えたらもっとおもしろくなると思うが、主催者によってはまったく理解してもらえないのが残念だ。


一方の障害者卓球では、2年目ころから次第に大きな大会でも成績を残すようになっていた。94年に国際クラス別卓球選手権大会に出た私は、初出場にして優勝。以来、この大会では連覇を重ねるようになった。

96年には兵庫県身体障害者スポーツ大会で優勝。その実績によって、同じ年に広島で開かれた全国身体障害者スポーツ大会にも出場し優勝を果たした。ちなみにこの大会では、ソフトボール投げにも出場して2位の成績を収めている。

そんなふうに順調に成績を伸ばしていた私だが、一度だけスランプに陥ったことがある。

障害者卓球では国内最高峰の大会である96年のジャパンカップ大会（09年にジャパンオープンに名称変更）で、2回戦で敗退してしまったのだ。4位入賞を目指していただけに、ショックは大きかった。自分は卓球に向いていないのではないか、いっそやめてしまおうかと思い悩む日が続いた。

そこで私は、気分転換のために、篠山市で開かれる車いすマラソンに挑戦することにしたのだった。レース前の3カ月間は、ラケットを置いてマラソンに集中した。練習は、カフェの仕事が終わってから。神戸のポートアイランドや帰宅途中にある貯水池に立ち寄って、毎日のように車いすで走る練習をした。

1回の練習で2時間ぐらい走っただろうか。貯水池を周回する道は傾斜がついていて、片腕ばかりが疲れるので、1周すると今度は逆方向に回る。しょっちゅう犬にほえられるのには困ったけれど、同じように貯水池を走る人たちとはすっかり顔見知りになって、「がんばって!」と、励ましてもらった。

通常、車いすマラソンは、レーサーという競技用の車いすで走る。早い人なら42・195キロメートルを1時間半前後で駆け抜ける。けれど私は普通の車いすで走るので、さすがにフルマラソンは難しい。ハーフの21・0975キロメートルに出場した。

初めての車いすマラソンは、死にそうなぐらい苦しかった。そして、最高に楽しかった。

沿道からの温かい声援と拍手。走っているときの風を切る感覚。折り返し点でUターンして戻ってくるレーサーに乗った選手たちが、「もうすぐ折り返しや。がんばりよ」と言いながら、私の手にタッチしてくれる。

「レーサーならすぐそこやけど、私の車いすではまだまだ先やねん」

心の中で苦笑しながらも、よし、またがんばろうと元気が湧いてくる。

応援に来てくれた卓球仲間や友人たちは、私が完走できずに、途中でリタイヤして、バスに拾われると思っていたようだ。でも、みごと2時間14分で完走した。女子の1位だ！　もっとも、普通の車いすで出場したのは10人程度で、女子は私1人だったのだけれど。

レーサーで走った20代の男性が、「普通の車いすで走るなんて、そんなしんどいこと僕にはできません」と言うのを聞いて思った。

――私って体力あるやん。これならまだまだやれる！

このマラソンをきっかけに気持ちを切り替え、また卓球でがんばろうと思うようになった。

さらに大きな励みになったのが、車いすマラソンの1年後、98年に開かれたジャパンカップ大会で敢闘賞をいただいたことだ。認められたという喜びが、私を奮い立たせてくれた。

初めての日の丸の重み

99年。私は、台湾の台北市で開かれたフェスピック選手権大会（極東・南太平洋身体障害者スポーツ大会）で、初めての国際大会出場を果たす。94年以来連覇を重ねている国際クラス別卓球選手権大会や、96年の全国身体障害者スポーツ大会優勝などの実績が評価されたのだ。

このフェスピック選手権大会は、初めて日の丸の重みを知った大会という意味でも、とても思い出深い大会だ。

ただ、試合では戦略を考える余裕などなかった。このころの私の最大の武器は、バックからの強烈なスマッシュ。ひたすらパンパン打ったことだけを覚えている。結果は予選敗退だったけれど、1回戦では香港のウォン選手に2セット先取で勝利した。

あとで知ったことだが、彼女はワールドカップ優勝者だった。思いがけない快挙。私がパラリンピックを意識するようになったのはこのころからだ。

ウォン選手は私より14歳くらい年下の選手だが、彼女には今も勝ち続けていて、最近は2人でダブルスを組むことも多い。

「キミとダブルスを組みたい」と、ウォン選手が指名してくれるのだ。彼女は、日本の卓球メーカーのラバーを使っているものだから、「今度来るときにラバー10枚買ってきて」とか、「ウエアを買ってきて」とか、買い物もよく頼まれている。

よきライバルであり友人でもある彼女の頼みだ。快く引き受けるが、立て替えたお金の支払いは、遠征先で使いやすいように、「ドルでお願いね」と釘を刺すことを忘れない。

ところで、障害の程度は人によってさまざまなのに、どうやって公平性を保つのか、少し説明をしておきたい。

障害者卓球は、障害の状態によって11クラスに分かれている。このクラス分けは、国際パラリンピック卓球委員会の規定に沿ったもので、クラス1から5が車いす使用者、クラス6から10が、立ってプレーする立位、クラス11が知的障害だ。

初めて国際大会に出場する選手は、国際クラス分け判定を受診して、国際クラス分けカードの交付を受ける必要がある。このカードを持っていないと、国際大会では闘えない。

私が認定されたのはクラス5。

「立って試合をすることはできないが、座位バランスは良好で、下肢機能が残存（骨盤を保持して体幹の動作可能）」という状態で、車いすの中では最も障害の程度が軽いクラスだ。

脚に力を入れて体を支えることのできない私には厳しいクラスで、ほかの選手は体勢を崩しても腹筋の力ですぐに戻ることができるが、私はどうしても戻りが遅くなる。足で支える代わりに左手で車いすをしっかり握って、腕の力で上体の動きをコントロールしなければならない。無理な力のかかる左手はいつも腱鞘炎に悩まされていて、ばね指の手術はこれまでに3回も受けた。ばね指とは、手の指に起きる腱鞘炎の一種だ。指を曲げ伸ばしするときに、ばね仕掛けのように動く症状で、ひどくなると強い痛みを伴う。腱鞘炎を治すには安静が必要と言われるが、卓球を続けるかぎりそれは難しい。

また、私は脚を自分で広げることができず両脚が中央に寄ってしまうので、なおさらバランスが悪くなる。そこで数年前から、両脚の間に小さなクッションをはさんで脚を広げ、その状態で車いすにベルトで固定してプレーするようになった。

そうしたことも、認定を受けてクラス分けカードに記載してもらわないと、国際大会では認められない。脚をベルトで固定してプレーするのは私だけなので、試合に行くといつも審判からクラス分けカードの提示を求められている。

先生、私は幸せです

国内の大会で優勝を重ねるようになったころから、楽しみが一つ増えた。手術でお世話になった先生に、優勝メダルを見てもらいに行くことだ。96年の国体で優勝して、整形外科部長の栗原先生に報告に行ったときのことは忘れられない。

「先生ありがとうございました。おかげさまでメダルを取れました」

そうあいさつをした私に、先生はこうおっしゃった。

「おめでとう。でもね、僕は別所さんに悪いことをしたと思ってるんや。医師としては、元通り歩けるようにしてあげたかった。それができなかったのが残念や」

「何をおっしゃるんですか。先生は命を救ってくれたじゃないですか。私は車いすになって得たことがいっぱいあるんです。だからそんなこと思わないでください。こうして卓球ができるのは先生のおかげなんですよ」

私がそう言うと先生は涙を流して、「今までいろんな患者さんを診てきたけど、別所さんほどがんばってる人は、そうはいない。私の誇りだよ」と言ってくださった。

仕事場のカフェを、手土産を持って訪ねてくださったこともある。たまたま私が休みの日でお会いできなかったが、あのシャイな先生が、よく来てくださったものと思う。

アテネパラリンピックのあとに報告に行ったときには、「そんなに強い心臓でもないのに、ほんとによくがんばったな」とほめてくださったので、「先生は以前、『別所さんの心臓には毛が生えてる』って言ってたやないですか」などと冗談を言って大笑いをした。

その後も電話ではあれこれ報告していたが、12年1月に亡くなられ、直接先生とお会いしたのはアテネの報告が最後になってしまった。私がロンドンパラリンピックを目指していると知って、「あまり無理するなって言うといて」と、友人にことづけてくださったのが、先生からの最後のメッセージになった。


主治医の裏辻先生には、今もお世話になっている。パラリンピックに出場するには健康診断書が必要なので、それを書いていただくためだ。また、肺に巨細胞腫が転移した症例があるため、年に1回の胸部レントゲン検査もずっとやっていただいている。

私が診察室に入ると、裏辻先生は決まって周りの看護師さんにこうおっしゃるのだ。

「この人こんな大手術したのに、パラリンピック行ったんやで」

口には出さないけれど、私のことを、よくがんばっているなと思ってくださっているのだろう。車いすになった私が、どうやって社会復帰を果たし、生きていくのかということを、何より心配してくださっていたのだから。

「先生、私はもう仙骨も腓骨も取ってしまったから、再発しても取る骨ないのと違う?」

「まだ肋骨がたくさん残ってるから大丈夫や」

最近は診察よりも、そうやって軽口をたたきながら近況報告をするのが、先生にお会いする目的みたいなものだ。

もちろん、今も再発の不安が消え去ったわけではない。その不安を忘れるために、そして、万が一再発したときに、悔いを残したくないという思いがあるからこそ、ずっと走り続けてきたのかもしれない。

でも私は、自然治癒力を信じている。卓球に打ち込んできたパワーに、病気のほうも「あんたには負けた」と言って吹っ飛んでしまったに違いない。だから、今の私は怖いものなしだ。

車いすになったことも、全然不幸だなんて思っていない。毎日が本当に幸せだ。裏辻先生、そして天国の栗原先生に、胸を張ってそう伝えたい。

album 2

うまくいかなくなった時、ガラっと意識を変えてみることが重要。「スランプになったら、環境を変えてみるのも大きな手だ。車いすマラソンでの完走。これをきっかけに気持ちを切り替え、また卓球でがんばろうと思うようになった」

第3章

世界への挑戦も自分流で

突然のチャンス。世界選手権大会出場

02年に台北で開かれた世界選手権大会への出場は、降ってわいたような幸運だった。世界選手権大会は4年ごとに開催されていて、パラリンピックに次ぐグレードの高い大会だ。私が闘うクラス5は、世界ランキングが20位以内の選手しか出場することができず、私はぎりぎりのところで涙をのんでいた。

ところが、試合の2週間前になって、突然ナショナルチームの監督から電話がかかってきた。

「世界選手権で棄権が1人出たけど、代わりに行く?」

「行きます!」

もちろん即答だ。こんなチャンスはめったにない。遠征の資金をどうするかとか、今から準備が間に合うかとか、そんなことは後から考えればいいことだ。

この大会で私は、メキシコ代表と香港代表を3―1、アルゼンチン代表を3―0で破り、予選リーグを1位で通過。決勝トーナメントには2回戦から出場し、チェコ代表にフルセットで敗れたものの、ベスト8に勝ち残ることができた。

世界選手権大会の一勝には大きな重みがある。国際大会では試合に勝つたびにポイントを取

得し、その合計で世界ランキングが決まるのだが、世界選手権大会は、ほかの国際大会にくらべて1勝で得られるポイントが高いのだ。普通ならよく稼いで８００ポイントなのに、この世界選手権大会では１６００ポイントを稼ぐことができた。

これで、04年に開かれるアテネパラリンピックへの距離がぐっと縮まった。パラリンピックに出場できるのは、世界ランキングの上位者だけ。国内でどれだけ良い成績をあげても、世界ランキング上位に入らないかぎりパラリンピックへの扉は開かれない。パラリンピックを目指す選手は国際大会に何度も出て好成績を収め、ポイントを獲得して世界ランキングを上げなければならない。

私はアテネの切符を手に入れるために、03年3月から半年間仕事を休んで世界を転戦し、８大会に出場した。

思えば、99年に初めて国際大会に出たときは、不安で仕方がなかった。車いすでちゃんと飛行機に乗れるのだろうかと、試合よりもそんなことが心配だったのだ。この十数年で何度も海外に行くようになって、これまでに出場した国際大会は32回。

「今度はどこに行くの？」「ちょっとスロバキアへ」といった調子で、今では国内旅行にでも出かけるような感覚だ。

ただ、国際大会に出るには、資金をどうするかということが大きな問題だった。

パラリンピックの費用は国費で出るが、世界選手権大会やアジア・オセアニア大会は一部だけ。それ以外の国際大会は、すべて自己負担だ。渡航費や滞在費、参加費などを合わせると、1回の遠征に当時でも25万円ぐらい必要だった。

いくつもの試合を転戦しようと思うと、年間に数百万単位のお金がかかる。そのために、実力があってもあきらめざるを得ない選手もいるのが実情だ。年に2回召集されるナショナルチームの合宿の費用も、最近は少し出るようになったが、最初はすべて自己負担だった。

どうやってお金を工面しようかと悩んだが、私がパラリンピックを目指しているのを知ると、友人が応援してくれた。

「たとえ1%でも可能性があるのなら、挑戦したらいいやん」

そう言って多額のお金を貸してくれたのだった。

カフェの仕事は、辞職を申し出た。国際大会に出たからといって、パラリンピックに出られる保証はない。その上、収入の道も絶たれてしまったらと考えると、リスクはとてつもなく大きい。けれど、夢をあきらめたくはなかった。

するど、会社の方はこう言ってくださった。

「海外遠征の間は月に1回の勤務でもかまいません。会社に残ったまま夢をかなえればいいじゃないですか」

本当にありがたい言葉だった。私は足の自由は失ったけれど、代わりに、人の温かさと挑戦する気持ちを知った。失ったものより得たもののほうがはるかに大きいと、しみじみ思った。

USオープンで国際大会初の金メダル

国際大会で初めてセンターポールに日の丸を揚げたのが、03年にアメリカ・コロラド州で開かれたUSオープンだ。決勝戦の相手はメキシコ代表のホフマントレス選手。彼女にはいつも接戦の末に敗れていたが、前年の世界選手権あたりから勝てるようになっていた。

もう一つ、うれしいことがあった。一緒に大会に出場した皆見《みなみ》信博選手が、「この大会で優勝したら、別所さんの好きな真っ赤な勝負パンツを買ってあげる」と、約束してくれていた。このときは、誰も私が勝つなんて思っていなかったのだ。だからがんばったというわけではないが、ついに念願の金メダルだ！

私は早速、皆見さんと一緒に現地のお店に出かけ、ブラジャーからショーツ、靴下まですべて真っ赤で統一して、下着一式を買ってもらった。

彼は、車いすのクラス2で、シドニー、アテネと、2大会連続パラリンピック出場を果たした選手だ。アテネのあとで引退したが、セオリーや分析力に優れていて、教え方もうまい。こういう球が来たらこう打つ。するとこう返せると、わかりやすく指導してくれる。20歳以上も年下だけれど、私にとっては師匠と仰ぐ存在だ。今も月に1回は、皆見さんが暮らす香川県まで行って指導を受けている。

十数年前、皆見さんは、「うまくなるためにはこれが大切なんやで」と、小さな紙に「のせる　しっかり　ゆっくり　自分を信じろ　夢　努力」という6つのキーワードを書いてくれたことがあった。私はそのメモ書きを今も大事にしていて、福祉大学の学生さんからもらった応援メッセージといっしょにラミネート加工して、海外の試合には必ず持参するようにしている。

また、皆見さんとは、海外遠征で何度も同じ部屋に泊まった間柄でもある。入浴の介助もしてあげた。といっても、全然色っぽい話ではない。

海外遠征ではツインルームに2人ずつ泊まるのだが、男女の参加人数がそれぞれ奇数になることがけっこうある。そんなときは宿泊費を節約するため、シングルルームを2つ取る代わりに、最年長の私が男性と相部屋になるのだ。

これまで7人くらいの男性と相部屋になっただろうか。長いときは1週間も一緒だというのに、何事も起きないのが不思議なのだけれど。一応、妻帯者の場合は奥さんにおうかがいを立てるが、これも一種の年の甲と言うのか、「別所さんだったらいいよ」と、許可してもらっている。

03年は、USオープン以外にも6カ国に遠征し、メキシコ大会銀メダル、イタリア大会とイギリス大会で銅メダル、スロバキア大会4位、アイルランド大会、スペイン大会でベスト8という成績を収めた。また、国内ではジャパンカップ大会で準優勝した。

私はこのころから、世界でも結果を出すようになっていった。

初めてのパラリンピック

パラリンピックの出場権が得られるかどうかは、1月1日付で発表される世界ランキングが目安になる。03年の世界転戦でランキングを10位前後に上げていた私は、04年1月時点で、アテネパラリンピック出場はほぼまちがいないと思っていた。けれど、6月に正式に出場が決まり、監督から電話をもらったときの気持ちは、やはり特別だった。

最初は自分でも信じられないような思いだったけれど、結団式や壮行会などのセレモニーに出席する中で、だんだん実感がわいてくる。

結団式では、選手団長が日の丸を受け取るのを見ながら、「今まで挑戦を続けてきて本当によかった」と、気持ちが高まっていくのを感じた。パラリンピックで背負う日の丸は、それまでとは全然重みが違う。その感覚は、言葉では言い表せないものだ。

当時の首相の小泉純一郎さんや柔道の金メダリスト、山下泰裕さんなどの著名人の出席もあって、その雰囲気の中に自分がいることが不思議にさえ思えた。でも、それが刺激になって人生観が変わるし、考え方や生き方も変わる。

卓球競技の壮行会は、オリンピックとパラリンピックの両チーム合同で行われるので、福原愛さんにも会えた。さすがに緊張して話もろくにできなかったけれど、お会いするのも3回目となったロンドンパラリンピックの壮行会のときには、「テレビで別所さんを見ましたよ」と、福原さんから声をかけてくれたり料理を取ってきてくれたりと、気遣ってもらった。

たぶん、私以上にアテネ行きを喜んだのが、今まで支えてくれた友人たちや家族ではなかっただろうか。

出場が決まってしばらくたってからのこと。カフェのお客様に「別所さんのこと、新聞に載ってたね」と言われ、新聞を見て驚いた。次男の将人が、私に内緒で神戸新聞の「イイミミ」にこんな投稿をしていたのだ。

「おかんがパラリンピックに行くんです。卓球歴？　おやじが17年前亡くなり、それから病気やなんやして車いす生活になったんです。

一時は自分の足で歩けんことで、ごっつう悲観したときもあるんやけど、13年ほど前、玉津の施設で障害者のみんなが、いろんなスポーツに挑戦してるの見て、目からうろこが落ちたんかな。『私も何かを』と卓球を始めたようです。56歳にしてついにアテネへ。（中略）

応援に行きたいけど旅費がないんで、僕らは日本からエールを送っときますわ。『負けたら、帰ってこんように』言うてるんですよ」

私の手術当時、将人はまだ運転免許がなくて、何本も電車を乗り継いで看病に来てくれた。私が苦しんでいたときの姿、なんとか立ち直ろうと一生懸命だったときの姿を、息子たちはいつも見守っていてくれた。将人の投稿を読みながら、息子たちに、たくさんの心配と苦労をかけてきたことが思い出されてならなかった。

次に向かって走り出す

初めてのパラリンピックはやはり緊張した。まず、選手村の環境に慣れるまでが大変だった。指紋を登録して、どこへ行くのにも指紋をかざさないと扉が開かない。バリアフリー化は日本のほうが進んでいると感じたし、食事も日本のほうがおいしかった。

規制がたくさんあって、服や靴などの小物も細かくチェックされる。ユニフォームにつけるロゴは一つしか許されず、ほかは全部消されてしまう。

今でこそ余裕も出てきたが、アテネではやることなすこと全部初めて。そうした試合以外のことで、ずいぶん神経を使った。

卓球競技の予選が始まったのは、開会式翌日の9月18日から。クラス5では、12人の選手が3ブロックに分かれ、リーグ戦を争った。チェコ代表との初戦は1─3で敗れたが、難敵の中国選手には、2─1のあと、接戦の末に4セット目を取って3─1で勝利。思わずガッツポーズが出た。

メキシコ代表のホフマントレス選手とは、取って取られてと、1点を争うシーソーゲームが続き、紙一重の差で2─3で敗れた。リーグ戦の結果は1勝2敗。ホフマントレス選手も、同じく1勝2敗で並んだが、彼女との試合では私が敗れていたので、彼女は予選通過、私は予選敗退と明暗が分かれた。少しの差の重みを痛感させられる悔しい敗北だ。ホフマントレス選手には前年のUSオープンで勝っていただけに、なおさら悔しかった。

けれど、負けたら負けたでまた走り出すのが私だ。1回体験したから満足とか、力およばなかったからもうやめようといった気持ちには決してなれない。

世界を知って変わったこと

世界を知るにつれて、私の意識も変わった。各国のトップ選手が何十人と集まってしのぎを削る姿を目の当たりにすると、やはり日本は小さいと思わずにはいられない。以来、私には世界で闘うことが大きな励みになった。「いずれ絶対に日の丸を上げるぞ」と、ますます闘志を燃やした。

選手が置かれた環境が、世界とは違うことも知った。とくにアジアは卓球が盛んで、台湾には2階、3階にも卓球台が並んだ卓球専用かと思えるような体育館もあった。

ひるがえって我が身の置かれた環境はというと、資金面の苦労はもちろんだが、最初は練習場所さえ満足になかった。

「私が練習しているところにおいで」と誘ってくれる友人もいたが、いざ行ってみると、「車いすは床に傷がつく」「ぶつかると危ない」と、ほかの人たちに言われて、あきらめて帰ってきたこともある。

それ以来、先に電話で確認してから行くようにしているが、電話口で断られたことも少なくない。たぶん、車いすの人にどう対応すればいいのかという戸惑いがあったのだろう。あるいは、車いすの人が卓球をすること自体、知らなかったのかもしれない。そうだとしたら、それを知ってもらっただけでも私の行動には意味があったと思いたい。

また、卓球台を使える施設が見つかっても、２階に設置されていたり障害者用トイレがなかったりすると、利用するのは難しい。ソフトとハードの両面で、練習場所探しには苦労をしたというわけだ。

そんな状況を何とかするために、明石市長に練習場所を提供していただけるようお願いに行ったこともある。01年のことだ。あいにく市長は不在だったが、「明石市に常設卓球場の設置と支援を求める要望書」と題した文書を用意していたので、それを秘書の方にお渡しした。

手紙には、パラリンピックを目指していることや卓球台を常設する場所を確保してほしいということ、海外遠征のための費用を援助してほしいことなどを書いた。すると、その手紙がいくつかの施設に送られたらしく、そのうちの一つに卓球台を２台確保することができた。

一人で練習したいときもあるので卓球マシンもほしかったのだが、そのときは買ってもらえなかった。ところが、北京パラリンピック出場が決まったときに市長にあいさつに行くと、「まさかパラリンピックに２大会連続出場できるとは思いませんでした」と言って、すぐに卓球マシンを買う手配をしてくださった。

兵庫県にもお願いをして、身体障害者体育館に卓球マシンを入れてもらった。

練習環境に恵まれないことを嘆いているだけでは何も変わらない。環境をよくするには、自分から行動を起こすことも大切だ。ダメでもともと。その心意気でどんどん訴えていかなければ、ただ待っていても何も得られないと知ったエピソードだ。

海外で闘うようになって、プレースタイルも影響を受けた。最初のころは、とにかくバシバシ打つのが私の闘い方で、相手の球が浮いたと見たら、すかさずバシッと決めに行く。常に強気で、とくにバックからのスマッシュが武器だった。

けれど、強く打った球は強く返ってくる。むしろ、コースによっては軽く払うだけでもポイントになることがわかってきた。強気一辺倒ではなく、緩急をつけたプレーをしようと考えるようになったのはそのころからだ。

練習方法も変わった。1個のボールを打ち合う一球練習だけでなく、次々に連続して球を出してもらう多球練習もするようになった。

初心者のころからの癖を、苦労して直したのもこのころだ。ただ、いろいろなスポーツを見る中で、最近は、癖をうまく使ったほうがいい場合もあるなと思っている。

バックハンドのときに手首を返す癖がそれで、相手にとってはコースが読みにくいのだ。なんとかかつての感覚を取り戻そうとしているが、あのころはうまく返球していたのに、今はなかなか入らないから不思議なものだ。

北京でサイン攻め、握手攻めに

アテネが終わると、北京パラリンピックに向けた闘いが始まった。

翌05年の成績は、世界ではフェスピックアジア大会銅メダル。台湾オープン選手権大会とラスベガス選手権大会で準優勝。国内ではジャパンカップと国際クラス別選手権大会で優勝。

さらに、06年にスイスで開かれた世界選手権大会では、予選リーグで香港代表とドイツ代表を下して２勝０敗の１位で予選を通過。準決勝で中国代表に敗れ、３位決定戦でも台湾代表に敗れたものの、４位という過去最高の成績を残した。

翌07年は、香港オープン、ドイツオープン、クロアチアオープンの３大会と、韓国で開かれたアジア・オセアニア選手権大会に出場。いずれも6位の成績を収め、08年の北京パラリンピック出場を決めた。

この年、私は60歳。北京パラリンピックの卓球競技では最年長だというので、北京のテレビ局の取材を受けた。

その放送を見た友人によると、テレビ画面の字幕に「ジャパン、老女」とあったそうだ。今どき老女だなんて日本では考えられないけれど、そのときは、なぜだか「老女」という言葉がいとおしく感じられた。たぶん、60歳の選手が20代の選手とプレーすること自体、彼らには不思議に見えたのだろう。

北京で何よりうれしかったのは、前回はお金がなくて来られなかった息子たち家族が、私の友人とともに応援に駆けつけてくれたことだ。

私が試合会場に入場すると、ピンと張りつめた空気を破るように、孫の佑星《ゆうせい》の大きな声が響いた。

「おばあちゃーん！」

肩の力が抜けて、温かい気持ちに満たされた瞬間だった。

予選では、16人が4ブロックに分かれてリーグ戦を闘った。

第1試合はアメリカ代表に3―1で勝利。第2試合のヨルダン代表との闘いは、当初2―1と私がリードしていた。4ゲーム目も終始押し気味の展開で、10―6とマッチポイントを握る。

ところが、ここからのもう1本が決まらない。互いに取って取られてと白熱した試合が続き、フルセットにもつれこんだ末に、惜しくも2―3で負けてしまった。

自分では落ちついて対戦していたのだが、気持ちが守りに入って大事に行きすぎた。つまりは、精神面の弱さが出てしまったということだ。

このときは、ほかの試合は終わって、私たちだけがフルセットでシーソーゲームをやっていたものだから、会場がすごく盛り上がった。地元のテレビで紹介された私を覚えている人も多かったのだろう。試合が終わって会場を出ると、何十人もの人が列をつくって、握手攻め、サイン攻めだ。それも、Tシャツやパンツなど、自分が着ている服に直接サインしてほしいと言う人が多くて驚いた。

日本の応援団にあいさつに行くまでに1時間以上もかかってしまい、うれしい悲鳴だ。翌日も、行く先々で、私をテレビで見たという人たちからサインを求められた。

ヨルダン戦の次の第3試合はイタリア代表に3―0で勝って、予選を2勝1敗のグループ2位で通過。北京の最終的な成績は5位入賞だった。

いやらしい球で台湾の強豪に勝つ

パラリンピックが終わって、正直なところ、この先も世界で闘い続けていくのかどうかと自分でも迷いがあった。そんな迷いを吹き飛ばしてくれたのが、09年にヨルダンで開かれたアジア・オセアニア選手権大会だ。

この大会で私は、予選リーグで香港代表と韓国代表を破り、2勝1敗で予選を2位通過。決勝トーナメントの1回戦では台湾代表を下し、準決勝で中国代表に敗れたものの、3位決定戦でヨルダン代表に勝って銅メダルを獲得した。

このとき、決勝トーナメントで対戦した台湾のウェイ選手は、アトランタ以来、パラリンピックに連続出場していて、アジア・オセアニア選手権大会ではずっとメダルを獲得している強豪選手だ。そんな選手に勝ったのだから、自分をほめてあげたいと思うくらいうれしかった。

このときの勝因は、私が「いやらしい球」を打つようになったことにあったと思う。力で打つのではなく、緩急をつけてポーンとやるプッシュ気味の球で、相手にとってはタイミングが取りにくい。

最近は、ウェイ選手が私のことを「やりにくい選手だな」と見ているように感じるし、そうだったらいいなと思っている。ロンドンでは違う予選ブロックだったので対戦はしなかったが、次に対戦するときには、彼女もまた違ったことをやってくるだろう。だから卓球はおもしろいのだ。


ともあれ、台湾や香港の強豪を抑えてのメダル獲得で、周囲の期待も一気に高まった。私自身も、次のロンドンパラリンピックでは、きっと表彰台に上がるぞという強い気持ちがわいてきたのだった。

同じ09年は韓国オープンで優勝。ブラジルオープンは4位という成績を収めた。

翌10年は台湾オープンが銅メダル。韓国で開かれた世界選手権大会は、予選リーグを2勝0敗として1位通過したが、決勝トーナメントは台湾代表に負けて1回戦敗退。中国で開かれたアジアパラリンピック選手権大会8位。国内最高峰の大会であるジャパンカップでは優勝を果たした。

ロンドンパラリンピック前年の11年は、6度の国際大会を闘った。香港で開かれたアジア・オセアニア選手権大会は予選敗退したものの、USオープンと台湾オープンで優勝を飾り、スロバキア大会が銅メダル、中国大会、イギリス大会が4位という成績だ。

パラリンピックイヤーの12年。1月1日発表の世界ランキングで、私は前年同時期の7位から5位へと順位を上げ、ロンドンパラリンピック出場をほぼ確実にした。

ちなみに、クラス5の世界ランキング1位2位は中国の選手。3位がヨルダン、4位がスウェーデンだ。障害者卓球の世界でも中国は世界最強を誇っている。

大舞台で気持ちを落ち着かせる方法

私は舞台度胸があるのか、パラリンピックのような大きな舞台でも、手が震えて心臓がバクバクしたり、頭の中が真っ白になったりした記憶はない。大舞台に立つに値することをやってきたからこそ、今そこに自分がいるのだ。そんな自分に自信を持ちなさいと、いつも自らに言い聞かせている。

自分の気持ちを落ち着かせ、リラックスさせるための方法もいくつか実践している。

一つは3・2・10の呼吸法だ。3秒間で深く息を吸って、2秒間は息を止めてそのまま保ち、10秒をかけてゆっくりと息を吐く。著名な野球選手が、バッターボックスに入るときにこの呼吸法をやっていると本で読んでから、私も取り入れるようになった。

試合に限らず、講演などの緊張するシーンでは、いつもこの呼吸法を意識して、自分を落ち着かせるようにしている。

海外でも活躍したプロゴルファーが、成績が残せなくて悩んでいたときに、手のひらに載せたゴルフボールをじっと見つめて、気持ちを集中することでリラックスしたという話を知ったときは、私も卓球の球で同じことをやってみた。いいと思ったことは、何でも試してみるのが私の身上だ。

爪に施したゴールドのネイルも、気持ちをコントロールするためのものだ。中指の爪にあしらった日の丸は、金メダルを取って一番高いところに日の丸をあげるぞという心意気を表したもの。左手に球を置いてサーブの構えに入ると、必ずこのネイルが目に入る。それを見るたびに、「絶対に勝ってやる」と、自分を奮い立たせている。

ロンドンパラリンピックのときは、テレビカメラの前で、「意気込みは？」と聞かれたものだから、「私はこれでがんばります」と、このネイルを見せながら宣言した。

すると、「なんですか？　もっとはっきり見せてください」と、カメラが私の指先をズームアップ。テレビニュースで放映されて、思いがけずネイルで注目されてしまった。ロンドンから帰ってからは、行く先々で、「ネイルを見せてください」と声をかけられている。


遠征先に持っていく荷物には、必ずキツネうどんやタヌキそばなどのカップ麺を入れていく。キツネうどんは「あなたのプレーにはだまされへんぞ」、タヌキそばは「相手を化かしてやる」と、そんな気持ちで食べる。

自分の中の語呂合わせにすぎないが、こんなたわいもないことが、意外と気持ちをパワーアップしてくれるもので、ここぞという試合の前には必ず食べることにしている。

スーツケースには、いつも家で使っている枕カバーも入れておく。ホテルの枕にはサイズが合わないので、枕の上に載せて眠る。それは、ふだん日本で過ごしている感覚を、滞在先のホテルに持ち込むためのおまじないのようなもの。そうすることで、慣れない環境でもリラックスして過ごすことができる。

お気に入りの音楽や、ドアを開け閉めしたり、パタパタと廊下を歩いたりといった家の中の生活音を、ボイスレコーダーに録音して持っていくのも同じ理由だ。そして、ホテルの部屋や試合会場に移動するときなどに聞くようにしている。いつも聞いている音を耳から入れることで、平常心を保ち、冷静になることができるのだ。

秘蔵・言葉のお守り

私には、秘蔵のお守りがある。

「誰に悪いなし」「思い切りよく行く」「自分を見つめる」「前のめり」「相手見る」「返す」「自爆だめ」……そんなキーワードを1枚の紙の両面にびっしりと書いてビニールフィルムではさみ、小さく折りたたんだものだ。

それを6枚ぐらい作って、財布や車、バッグの中などに入れて、肌身離さずどこへでも持っていく。そして、電車の中や、運転中の信号待ちのときなどに目を通す。いわば数珠みたいなもので、この紙を見ると気持ちが落ち着くし、視野を広く持つことができる。

紙に書いてある言葉は卓球に関することだけではなく、日常の心構えや人間関係にかかわることなどさまざま。たとえば「誰に悪いなし」は、悪いことがあっても誰のせいでもない。人のせいにしたり、人を責めたりしてはいけないという意味を込めている。

「思い切りよく行く」は、弱い気持ちでは何をやってもうまくいかない。どんなときでも強い気持ちで思い切りよく行けば、前に進めるということ。どちらも人生すべてに当てはまる言葉だと思う。

これらの言葉はどれも、私が20年の卓球人生の中でいくつもの壁にぶつかり、なんとか乗り越えようと試行錯誤する中から生まれてきたもの。この1枚の紙に、卓球人生で得たセオリーが凝縮していると言えるだろう。

試合会場では、「負けない」と書いたセンスや、皆見さんからもらったメモなどと一緒に、この紙をベンチに広げておいて、チェンジコートのときには必ず見るようにしている。頭の中だけで考えるより、こうして文字にして確認するほうが、より効果的に意識づけができるのだ。

香港の選手は、漢字を見ればだいたい意味がわかるものだから、ベンチに広げたこの紙を見つけると、「キミ、見せて」なんて言ってくるが、もちろん答えは「ノー」に決まっている。

ライバルたちとの交流

世界のトップ選手の中に入っていくときも、全然気後れはしなかった。むしろ積極的に外国人選手と交流するので、ほかの日本人選手からは「別所さんは外国の選手とよく交流してるから、２００ポイントあげる」なんて冗談を言われたりする。

韓国の選手などは、私が行くと「オンニ（お姉さん）、オンニ」と言って、用もないのにみんなそばにくっついてきて、ときには1時間でも2時間でもおしゃべりをする。といっても韓国語を話せるわけではなく、ひたすら漢字を書きながらの筆談だ。

ほかの国の選手たちとも、電子辞書を片手に英単語を連ねてコミュニケーションする。とはいっても、私は学生時代から英語が苦手で、文法も何もあったものではない。

それでも楽しそうに関西弁まじりの英語を操る私に、みんなは、「英語も話せないのに何をしゃべってたの？」と不思議そうな顔をする。

「私はこうしゃべってたつもりなんですけど。ちゃんと通じてると思いますよ」

「いや、別所さんがそう思ってるだけで、それは通じてないよ」

「えー、そうですか？　でもお互いフンフンってうなずいてましたけど」

とまあ、いつもそんな調子だ。

ただ、英語ができるできないにかかわらず、海外に行ったらどんどん自分をアピールして、外国選手と打ち解けないといけないと思う。それが自分をリラックスさせることにつながり、ひいては試合にも影響してくるからだ。

メキシコのホフマントレス選手とは何度も対戦するうちに仲良くなった。アトランタ以来、パラリンピックに連続出場している選手で、私とはいつもフルセットまでもつれこむ、いいライバルだった。

03年のUSオープンで決勝を闘い、やっと勝てるようになったと思ったら、アテネパラリンピック後に引退した。国際クラス分け判定で、車いすではなく立位の判定を受けて、それはやりたくないからと引退したそうだ。今は水泳を楽しんでいると聞いている。

現役時代の彼女は、自分が苦しい状況になると「バモス、バモス」と自分に気合を入れるのが癖だった。「がんばれ」とか、「さあ行こう」の意味らしいが、それが私には「マンモス、マンモス」と聞こえておかしかった。

試合が終わると、たとえ自分が負けた試合でも「キミ、ナイスプレー。グッドプレーヤー」と、すごくほめてくれる。そんなざっくばらんで温かい人柄に、私はひかれている。

引退後も、北京やロンドンパラリンピックには自国のコーチとしてやってきて、私の試合には必ず応援に来てくれた。

実はホフマントレス選手もあまり英語はうまくない。そんな二人が片言の英語で話をするのだから、お互い相手の言葉はほとんどわかっていない。それでも、あの選手はこうだったああだったと、ジェスチャーも交えてやっていれば気持ちは通じるもので、気がつくと1時間も話し込んでいたりする。

中国のビアン選手のことは、アスリートとして目標にしている。24歳の若い選手で、ロンドンパラリンピックでは金メダルに輝いた。彼女には以前は勝ったこともあったが、今はずいぶんうまくなって、このところ勝てていない。

ライバルでありながら何かとよくしてくれて、オープン戦などで隣り合った卓球台で闘っていると、「キミ、そこはこうよ」とジェスチャーでアドバイスしてくれたりする。

彼女のコーチが私と同年代だそうで、たぶん、「このおばちゃん、よくがんばってるなあ」と、思ってくれているのだろう。

私も彼女が好きなので、手作りのブレスレットをプレゼントしたことがあった。お互いに英語ができないので、コミュニケーションはもっぱら漢字での筆談だ。

「このブレスレットをつけ出してから勝つようになった。キミ、ありがとう」と言うので、「代わりにあなたが着ているユニフォームをちょうだい」とお願いすると、汗がついているからと、律儀に洗濯してから持ってきてくれた。

私はそのユニフォームを見ながら、「いつかあなたをやっつけるぞ」と、闘志を燃やしている。

そんなふうにライバルたちとの交流はいろいろな意味で刺激になる。「この次こそはあなたに勝つからね」と、次の試合への活力にもなる。試合で顔を合わせるだけで、話もせずに帰って来たのではもったいない。

ジャパニーズハッピーマネーで自分をアピール

私は、現地で練習会場に入ったら、「お願いしまーす」「よろしくねー」と言いながら、１００円均一ショップなどで買ったアクセサリーや小物を、お土産としてみんなに配って回る。あるいは、真っさらな5円玉にピンクやイエローのリボンをつけて、「ジャパニーズハッピーマネー」と言ってプレゼントする。金色の5円玉ということで、「金にご縁」だからハッピーマネーというわけだ。穴の開いたコインはどの国にもあるわけではないので、珍しがられて意外に喜んでもらえる。

私は、ただのお人好しでプレゼントを配っているのではない。プレゼントを配りながら、「別所は、ここに挑戦しに来ました」とアピールしているのだ。シュンとしてしまってはいけない。大事なのは、ライバルたちに「キミはやる気満々だな」と思わせることだ。

海外の選手はみんな、勝つため、ランキングを上げるために、本当に必死になっている。試合前は互いに話をしようともしない。誰もが緊張してピリピリとしたムードの中、それでも私は、「よろしくねー」と、あえてプレゼントを配って回る。

それは、「ここは私の試合会場。私のためのステージなのよ」という私流のパフォーマンス。いわば、キミヱ・オンステージというムードをつくってしまおうというわけだ。そうすることでリラックスして試合に臨むことができる。

たくさん準備をするのでお金もかかるが、誰だってプレゼントをもらえば悪い気はしない。試合が終わると、みんな「キミ、キミ」と言いながらそばにくっついてきて、おしゃべりをしたり肩をもんだりしてくれる。対戦前と後とでは表情も態度も一変するからおもしろい。

試合が終わったあとも、神経戦は続く

試合が終わったあとも、ライバルたちとの闘いはずっと続いている。

たとえこちらの負けに終わったとしても、負けた相手に「キミは侮れない」と、意識される選手でありたい。私にとっては自分の試合が終わったときから、次に向けた神経戦がスタートする。

「あなたとの勝負はまだ終わってないのよ。あなたを研究して、次こそ私が勝つからね」

そんなメッセージを伝えるために、試合後も会場に残って、ライバルたちの試合をビデオで録画し続ける。

せっかく世界にやって来たのだから、負けを負けだけに終わらせず、次のチャンスにつながることをやって帰らなければ負けた意味がない。もし、次の試合で対戦する機会が巡ってこなかったとしても、自分の中には何かが残るはずだ。

試合に勝ったとしても、自分の闘い方が次も通用するとは限らない。世界の卓球はどんどん進化している。だから、私は次の闘いに向けて、ライバルたちの試合をビデオで見ながら研究するのだ。そのことがすぐには目に見えた成果につながらなくても、やることに意味があると信じている。

album 3

明石市長に練習場所を提供していただけるようお願いに行った時の思い出の1枚。「練習環境に恵まれないことを嘆いているだけでは何も変わらない。環境を良くするには、自分から行動を起こすことも大切だ。ダメでもともと。その心意気でどんどん訴えていかなければ、待っていても何も得られない」

第4章

嫌な選手と思わせたい。強くなるためのハードル

しんどいからこそ身につく

試合で結果を出すようになった96年ごろから、私は時々、新聞や雑誌の取材を受けるようになった。99年のフェスピック卓球選手権大会のときに掲載された新聞記事には、「がんばろうという自分のパワーに驚くことがあります」という私のコメントが載っているが、そのパワーは14年がたった今もまったく衰えていない。

何より、私は練習が大好き。普段の生活の中でも、ボーッとしている時間がもったいなくて、自己流で練習法を考え出してはトレーニングに励んできた。

卓球を始めて間もないころは、鴨居からピンポン玉をひもでぶら下げて、球を打つ練習をした。打った球が天井に当たるとコンコン音がしてうるさいので、練習ができるのは家に誰もいないときだけ。家族の手を煩わせるのも嫌だったから、自分一人で球を吊るせるよう、ひもの先に針金ハンガーを伸ばしたものをくっつけて、それを鴨居に引っ掛けるようにした。

動体視力を鍛えるために、ソフトボールに文字を書いて、それを振り子のように揺らして文字を読み取る練習もした。それから、アルファベットを書いた表を目の前において、文字を読む練習。これは、球を追うときに、顔全体を動かさずに目だけで追う癖をつけるためだ。

仕事先でも、休憩時間になると車いすにゴムチューブの端をくくりつけて引っ張り、腕を鍛えた。同僚とおしゃべりをしながらも練習の手を止めない私に、みんなは、「少しは休んだら」と言ってくれる。

実際のところ、今も脚にはしびれがあるし、血流が悪くてすぐにむくんでしまうので、時々は横になっている時間も必要なのだ。けれど、私はそのわずかな時間さえもったいないと思ってしまう。

アテネパラリンピックのころから、私はナショナルチームの合宿に召集されるようになった。この合宿は、世界ランキングに関係なく、将来性のある選手を育成するためのもので、年に2回行われる。最初はなかなか呼んでもらえなかったので、初めて招集されたときは感慨深いものがあった。

この合宿でも、私はほかの選手より少しでも多く練習をするようにしている。なぜなら、みんなより年を重ねている分、同じ技術を身につけるのにも時間がかかるからだ。

確かに練習はしんどいけれど、だからこそ身につくのだと思う。しんどいからと、そこで終わってしまっては進歩がない。10のことをやって目いっぱいだと思っても、1つ増やして11までがんばる。次は、また1つ増やして12までやる。そうやって、少しずつ自分の限界値を上げていくのだ。

もとより、試合はしんどい試合ばかり。しんどさを乗り越えてがんばることを、ふだんから体に覚えさせておかなければ、勝つことはできない。

合宿では以前、練習のしすぎで体調を崩す人が出たことがある。そこで、最近は1時間45分練習したら10分の休憩を取るというルールになっているのだが、休憩に入るときに、監督からはいつもこう釘を刺される。

「休憩は必ず10分取ってください。誰かさんのように練習しすぎないように」

そう言われても、やっぱり私は練習が好きだし、もっともっとやりたい。休憩する時間が惜しくてたまらない。だから、全体での練習が夕方5時に終わるとしたら、私は6時の夕食までの間に個人練習をする。

そのため、練習相手をしてくれる人を前もって探しておくのだが、何度か相手をしていただいた岡紀彦選手には、「別所さんにつき合うと、こっちがもたない」なんて冗談まじりに言われている。

岡選手は、シドニーから3大会連続してパラリンピックに出場した選手で、障害者卓球では初めてプロになった人である。

年齢を言いわけにしない

そんな練習の虫の私を、周囲の人は「若くないんだから年を考えたら」と、いさめてくれたり、「無理したらあかんよ」と、いたわってくれたりする。

けれど、あいにく私は、練習では年のことなど考えたことがない。やればやるほど身につくと思っているから、年相応に練習量を減らそうなんて思ったこともない。

現実には体力的な衰えはあるかもしれないが、自分では意識していないし、むしろ年々元気になっているようにさえ感じる。

心の中に、若い人には負けたくないという気持ちがあるのだろう。けれど、本当に30代の人とも対等に練習をしていると自負しているし、練習でゲームをするときでさえ、「絶対に勝ってやる」と、闘志満々なのだ。

勝ちたいという思いが強すぎて、練習で負けると「負けてあげたわ」なんて、つい負け惜しみを言ってしまうものだから、練習仲間には、「別所さんは、ほんとに負けず嫌いやなあ」と、あきれられている。

それに、障害者卓球は、障害の度合いで闘うクラスが決まる。つまりラケットを握ったら、相手が10代であろうと20代であろうと関係ないということだ。相手が若いから勝てないなんていう言いわけはしたくない。

それは単なる気負いではなく、今現在も、私の卓球は年々進化している。56歳でアテネパラリンピックに出場し、北京、ロンドンと回を重ね、年齢を重ねるごとに、世界ランキングが上がっているのがその証拠だ。

とはいえ、海外でも、私のような年齢の選手が活躍しているのは珍しいとみえる。北京パラリンピックに出場したときに中国のテレビ局の取材を受けたのも、この年齢ゆえだ。

でも、私自身は卓球台の前に座ったら、年齢のことなんて頭から消えてしまう。考えるのは、相手を「どうやってやっつけてやろうか」ということだけ。

私の中の自己イメージは、今も卓球を始めた45歳のときそのままだ。

心理戦で年齢の壁を越える

もちろん、現実には確かに年齢のハンディはあると思う。だから、いかに体力を維持しながら、年齢差をカバーして闘うかということを、常に考えている。

その一つが、「対戦相手の気持ちを落とす」ことだ。そのためには、とにかく相手が嫌がるところにしつこく球を返していく。そうすれば、どんなに精神力の強い相手でも、人間なのだからイライラしてくるし、気持ちが揺らぐ瞬間がある。

「キミは嫌な選手だな」

そう思わせたらもうけもの。試合で大事なのは、８割が気持ち。技術と体力は、残りの２割くらいだ。それほどにメンタルは重要なものだと思っている。

そんな考え方をするようになったのも、世界のライバルたちと対戦を重ねる中で、まともにぶつかっていたらとうてい太刀打ちできないと知ったからだ。

なかでも中国の選手たちの練習は、質・量ともに日本の選手とは全然違う。

彼女たちは、専属コーチのもとで、朝から晩まで練習できる環境にあるが、私は海外遠征の費用を稼ぐためにも働かなければならない。そのうえ同じ練習量を確保しようと思ったら、それこそ体がぼろぼろになってしまうだろう。コーチに教えてもらうのだって、私たち日本選手は自費だから、大舞台の前に教えてもらうのがやっとというところだ。

練習の質や量でかなわない部分をどう補うか。そう考えると、これはもうメンタルで動揺させるしかない。いかに相手の意表を突いて心を乱し、ミスを誘うかだ。

その一つとして私がいま考えているのが、これまでの自分を変えること。

ライバルたちに、いつもとは全然違う自分を見せて、動揺を誘ってやろうと思っている。たとえば、試合中に不敵に笑ってみるというのもありかもしれない。

「キミが笑った。いったい何を考えているんだろう」

そんな一瞬の動揺が、緊迫した試合では勝敗に影響する。

できる、できないは別にして、私は、もっともっと違う自分を見せたい。

「あの年齢になって、まだそんなことをしてくるか」と言わせたい。

動揺を誘って、「なんて嫌な選手だ」と思わせたい。

海外の選手たちは、会えば「キミ、キミ」と慕ってくれるが、その胸のうちでは「あなたが苦手」と思わせるようにしたい。

もちろん、試合で会えば「ハロー、ウェイ」なんて、にこやかにあいさつをかわす。でも心の中では負けるものかと闘志を燃やしている。たぶん、相手もそうだろう。だからこそ、互いに尊敬し合えるし、おもしろいのだ。

違う自分になるためにも、私は自分を型にはめないでおこうと思っている。型にはまると、それだけのことしかできなくなってしまう。こんにゃくのようにノラリクラリと、あっちへ行きこっちへ行き。そんなスタイルが私にはぴったりくる。

相手の意表を突くために、バックに来た球を、左手にラケットを持ち替えて打ち返す練習もしている。早い球は難しいが、最近はゆるい球なら打ち返せるようになってきた。

これは、バックを打ったあとの戻りが遅いのをカバーするためでもある。私は脚に力が入らないため、もともと戻りが遅いのが課題ではあったけれど、このところ左脚の状態が悪くなっていて、なおさらバックからの戻りが遅くなっているのだ。

左手を使うのには、ほかにも理由がある。

なんでも、左手を意識して使うと、右脳が刺激されて集中力が養われるのだとか。そう聞いて以来、左手に箸を持って豆をつまむ練習をするようになった。今ではご飯も左手で食べられる。もっと難易度を上げて、鏡に映した豆を見ながら左手の箸でつまむ練習をすることもあるが、これはさすがにかなり難しい。

また、練習の質を高める意味で、努めていろいろな人と練習をするようにしている。

普段の練習相手はおもに健常者だ。健常者と車いすの選手とでは球質が違うが、今はできるだけいろいろな球質の人と練習をしたい。健常者の人とは普通にラリーをするだけでなく、時には車いすに座ってもらって打ち合いをすることもある。

そもそも、地元で車いすの選手を探すこと自体が難しい。車いすの選手と練習をするときは、大阪や香川、岡山まで遠征しなければならないのだ。

駆け引き。強いところは弱く、弱いところは強く

車いすでの試合は、前後左右に激しく動くわけではないので、淡々と打ち合っているように見えるかもしれない。その実、私たち選手は、卓球台のこちらと向こうで、無言の激しい駆け

引きに火花を散らしている。

前項で書いた、相手の気持ちを落とす、違う自分を見せる、相手の意表を突く、といったこともつまりは駆け引きだ。ほかにも、闘いに臨むときに私がいつも心に刻んでいる言葉がある。

○強いところは弱く、弱いところは強く

私の強みはバックからの強烈なスマッシュだ。でも、そこを強みに見せずに、あえて弱く見せるようにしている。逆に、苦手な部分は強く見せたい。相手に逆を見せて裏をかくのが私の戦術だ。

そのために、強いところは弱い、弱いところは強いと、自分自身にも言い聞かせる。

強みであるバックなら、ときにはミスをしてもいい。そうすれば相手はバックばかり狙ってくるから、そこにチャンスが生まれる。

その意味では、自分で自分をごまかすことが大事だと思っている。

相手に自分を読ませないために、ここはこう打ちたいと思っても、あえて違う打ち方をすることもある。それが自分で自分をごまかすという感覚だ。

実際には簡単なことではないが、それがうまくいけば相手をあざむくことができる。

○しょうもない球を打つ

文字通り、どうってことのない球を、ふわっと打つ。カットをしたか、していないかわからないような球を、ポーンと返すということだ。

実はこれが案外難しい。そして、このしょうもない球が、相手にとっては意外とタイミングが取りにくくて、失敗を誘うのだ。

もとより、若くて力のある相手に勝つためには、速い球、強い球は必要ない。強く打てば強く返ってくるから、どうしても反応が遅れがちになる。

私のゲームではいかに遅く返すかが勝負だ。タイミングの取りにくいふわっとした球を嫌なところに返す。そうやって、1本でも多く相手のミスを誘いたいと思っている。

○捨て球を無駄にしない

試合では、失敗してもいいから、1本だけはパシッと打たないといけないときがある。それが、私にとっての捨て球だ。つまり、相手に対して、私にはこんな球が打てるんですよと見せつけるためのもの。相手を威嚇するための球だから、思い切り打って失敗してもかまわない。

ただ、捨て球を無駄にしてはいけない。それを次につなげて試合の中で生かしてこそ、捨て球の意味がある。

大舞台では自分を無にする

平常心を保つためにルーティンを大事にするアスリートは多いが、私も試合会場に入ったら真っ先にすることがある。卓球台の正面の壁の色や床の感触など、周囲の環境をチェックすることだ。

球が上がったときに、壁の色と重なって球が見えにくくはないか、ライトの明るさや位置はどうか、空調の風の流れの影響はないかなどなど。それによって、サービスとコートのどちらを優先して選ぶかを決める。

床の感触は重要だ。車いすが簡単に動くような床ではサービスが狂ってしまうから、その状態によっては、タイヤの空気圧を調整して対応する。

いよいよ対戦相手と向き合ったら、どんな癖を持った選手かということに注目する。

どんなフォームで来るのか、卓球台にくっついてプレーするのか、それとも離れて打つのか。そういった癖を見抜かないと、いい試合はできない。もちろん、対戦相手のビデオがあれば、試合本番までにチェックしておく。

試合の最中は自分を無にする。とくに大きな大会ではなおさら無心になるよう心がけている。国内クラスの大会なら、技術の習熟度を見るために、練習でやってきたことが本番でできているかどうかと、自分をチェックしながら対戦することもある。けれど、いざ檜舞台となれば、ラケットの角度がどうとかいった細かい詮索は無用だ。

だから、試合で対戦相手と向き合ったら、「アホになれ」である。

相手が何をしようが、その意味をいちいち考えない。惑わされない。考えすぎると、試合ではいいプレーができないからだ。もちろん戦術はあるけれど、それ以外のことは考えない。卓球台の前に座ったら、無心でやるしかない。

自分を無にするといっても、「ここで負けてたまるか」という強い気持ちは常に持ち続けている。この場所に立つまでにどれだけがんばってきたか。どんなにたくさんの人が支えてくれたか。それを思って自分の気持ちを奮い立たせる。

そして、目先のポイントに一喜一憂しない。落ち着いてやれば勝てると、自分を信じるのだ。ただし、ミスをしたときには、どうしてミスをしたのか、その意味を一瞬だけ考える。今のミスはコースを狙った結果起きたのか、わけのわからないままやったミスなのかで、全然意味が違ってくる。

でも引きずってはいけない。あくまで次の修正に生かすために考えるのだ。

リードしていても攻める

もう一つ大切なのは、常に強気で、最後まで思い切りよく行くことだ。そうでなければ、守りに入ってしまう。丁寧に試合をするのはいいけれど、守りに入ってしまってはいけない。リードしていようが負けていようが、最後まで攻める気持ちが必要だ。

とはいえ、この「リードしていても攻める」というのが、意外に難しい。私はリードすると、すっと変な考えが頭をよぎることがある。

「ここは無難に行こうかな」と思ってしまうのだ。

けれど、無難ではだめ。最後まで攻めていく球でないと勝つことはできない。とくにパラリンピックともなると、リードしたときこそ攻めなければいけない。これまでに負けた試合を振り返ってみると、やはり守りに入っていたなと思う。

「あと1点で決まる」と思ったときにも落とし穴がある。

肩によけいな力が入るか、あるいは油断が生まれて、結局はジュースに持ち込まれてしまう。

なので、「あと1点はまだ3点」と考えるようにしている。

そして、チャンスのときこそ軽く打つ。

チャンスだと思うと、「ここで決めてやろう」と、肩に力が入ってしまって失敗する。チャンスと思ったときこそが難しいのだ。チャンスボールが来たら、決めようと思わずに軽く打てばいい。

ピンチはチャンスとよく言われるけれど、その逆もしかり。チャンスはピンチと思ってちょうどいいくらいだ。

以前の私は、試合中でも一つのことにこだわって、つい分析してしまう癖があった。けれど最近は、努めて視野を広く持つようにしている。木ではなく森を見るという意識だ。

だから、できるだけ車いすの背もたれに背中をつけて、上体を立ててプレーをする。車いすではどうしても前かがみになりがちなのだが、これがよくない。前かがみになると視野が狭くなり、疲れやすいしミスも多くなる。反対に、上体を起こすと視野が広がって相手がよく見えるし、気持ちも落ち着く。

背もたれに背中をつけたら、あとは待てばいい。焦らなくても球は飛んでくる。打ち返されたらどうしようと身構えるのではなく、「さあ打ってこい」と、相手に仕掛けさせる気持ちでやっているほうが、私はいい試合ができる。

負けをチャンスに変える

人一倍負けず嫌いな私は、いつも強くなりたい、ライバルたちに勝ちたいと思っている。けれど、負けを苦にすることはない。負けたらそれはそれでいいという、あっけらかんとしたところがあるのだ。

第一、人間って、そうそういつもうまくはいかないものだ。負けたら、それをプラスにすることを考えればいい。「自分にはまだこういうところが足りないのだ」と、課題の発掘につなげれば、負けをチャンスに変えることができる。

パラリンピックにしても、あれほど努力をしてきたのに、それでもメダルが取れないということは、まだできていないところがあったということだ。それがわかったのだから、ある意味よかったと思っている。

なまじ順調に勝って、アテネあたりでメダルを取っていたら、その後の私の成長はなかったに違いない。負け惜しみかもしれないけれど、考えようによっては負け惜しみも成長の糧だ。

私は、「大事な負け方」というのが絶対にあると思う。同じ負けでも、次につながる意味のある負け方をすれば、いつか勝てるときが来る。逆に、いくら勝っても、内容が悪いときは自分の中では勝ちではない。

負けをチャンスに変えるために、もう一つ大事なことがある。

試合でミスをしたとき、自分のミスにばかり目を向けるのではなく、相手を見て勉強するということだ。ミスをすると、このサービスが悪かったから、バックがだめだったからと、自分の失敗ばかりを分析しがちだけれど、むしろ相手のプレー、表情の変化を観察することに集中する。

ビデオで振り返ってみても、ミスをしたときの私は、相手をよく見ていないことが多い。自分より相手を観察することに意識を向けると、考え方もポジティブになるし、ミスも減っていく。

何があっても慌てない自分をつくる

ふだんの私はそそっかしくて、ドジなこともしょっちゅうやっている。けれど、いざ試合になれば、何があっても慌てず冷静に対応できる自分でありたいと思っている。そのための私流のメンタルトレーニングが、「日常に負荷をかける」ことだ。

というのも、海外のオープン戦などでは、試合中に停電になったり、突然コートが変更になったりすることは珍しくない。試合という追い込まれた状況でそんなハプニングに遭遇すると、慣れないうちは、やはり平常心を失ってしまう。

そうでなくとも、海外遠征では何分以内にこの手続きをして、次はこれをしてといった雑事が多い。それがうまくいかずに焦ってしまうと、あとあとよい試合ができない。

だから、練習のときだけでなく、日常生活でも自分に負荷をかけるようにしている。その一つの方法が、時間を区切って作業をすることだ。

たとえば、掃除でも料理でも何でもいい。仮に30分でこれをやり終えるという目標を立てたらタイマーをかける。制限時間が来たら、やり残しがあってもいったん作業を中断し、またタイマーをかけて次の作業をする。残った作業はあとですればいい。

これを続けていると、集中力が高まって精神的にも強くなる。時間を区切ると一生懸命になるから、作業もはかどって一石二鳥だ。今日は昨日より3分早くできた。記録更新！　といった調子で、ゲーム感覚で楽しくやればいいと思う。

いいと思ったらすぐ行動する

私は、いいと思ったことは何でもやってみるタイプだ。とくに卓球のこととなると、この本を読めばいいと言われればすぐにインターネットで注文するし、あの人の考案した打法がいいと聞けば飛んで行って教えを乞う。

そんなふうに安易に飛びつかず、先に情報を集めて、自分にとって本当に必要かどうかを吟味してから決めるほうが効率的だという人もいるだろう。けれど私は、いいと思ったら深く考えるより先に、取りあえず挑戦したい。

そして、「善は急げ」だ。考えすぎると時間がたつとともに気持ちが沈んで、結局は行動できずに終わってしまう。

挑戦したことがすぐに結果に結びつかなかったり、裏目に出たとしても気にしない。人からは、それが失敗に見えたとしても、私自身が失敗とは思わないからだ。これまでにチャレンジしてきて、やらなければよかったと思ったことは一度もない。すべてがプラスにつながったからこそ、今があると思う。

良い悪いは別にして、費用対効果もほとんど考えていない。なぜなら、私にとっては引き出しをたくさん増やしておくことが第一だからだ。ここではこれを使おう、次はあれを使おうという引き出しは、たくさんあるほどいい。

10のことに挑戦して、今は3つしか役に立たなくても、きっといつか残りの引き出しを使うチャンスは来る。そうなればもうけものだ。

もし、いつまでもチャンスが来なくても悲観することはない。どうやったら使えるかを次の課題にすればいい。新しい何かをプラスすれば使えるのではないか、あるいは、もっと深めてみたらどうかと、いろいろ考えてみればいい。やり方は一つではなく、何通りでもある。

自分のアンテナを信じて、そこに引っ掛かったものがあれば、まずは挑戦してみる。そうすれば、いつか何かにつながるし、努力が報われる日がくる。何より、挑戦した自分に対する満足感が、自分の気持ちをまた一歩前進させてくれる。

周りの言葉に惑わされない

私は人からいいと言われたことは素直に取り入れる一方で、「それはだめ」とか「やめたほうがいい」なんて言われると、逆に「やってやるぞ」と、ファイトがわいてくる。

たとえば、私が何か新しい目標にチャレンジしようとすると、必ず「そんなの無理だよ」と言う人が現れる。けれど、周りにどう言われようと、がんばればできないことはないと思っている。どんなときも否定的な言葉に惑わされず、「いつかはきっとできる」と、自分を信じる気持ちを大事にしたい。

人はつい、「不器用だから無理」と、人に対しても自分に対しても決めつけがちだ。でも、不器用なりにがんばれば、やがてそれなりにできるようになる。丸が描けなければ楕円を描けばいい。それが個性ではないだろうか。

私が、「マジック球」と名づけた変化球の開発に挑んだときも、「あんたは不器用やからできへんよ」と言われたが、そう言われてよけいに「絶対にやってやる！」と、負けじ魂に火がついた。

実際、納得のいく球にするまでには3年近くもかかったけれど、なんとかものにしてやるともがくうちに、自分が思い描いた球を打てるようになった。

困難に思える課題も、時間をかければきっとできる時が来る。それも、完璧にできなくてもいい。最初は「もどき」というようなものでも、やり続けていれば本物になっていく。

私が開発したマジック球を、日本肢体不自由者卓球協会の畠山講史郎会長が、「別所さん、今までの努力の賜物ですね」と言ってくださったときは、心からうれしかった。

努力を続けていれば、きっと誰かが見てくれているのだ。

後悔の言葉は使わない

「言霊」と言われるように、自分が口にした言葉は自分の心に影響を与える。だから私は、できるだけ後悔の言葉は使わないようにしている。

とくに、「だったけど」とか、「だったら」といった言葉は好きではない。もちろん、私にはまだまだ欠点があるから、「あのとき、……だったら」と振り返るようなシーンもたくさんある。

でもそれは、裏を返せば自分にはまだ成長の余地があるということだ。そんなふうに、よいほうに考えたい。

それはたぶん、私が車いすになって、卓球に打ち込む中で自然に養われてきた考え方だと思う。車いすになったからこそ得たことが、私にはたくさんある。そして、パラリンピックに出場するとメディアが注目してくれるのは、「選手団の中で最高齢」のおかげだ。

そう思うから、「障害があるから」「年だから」といった言いわけはしたくない。

もしも私が、家で何もせずに暮らしていても、誰も文句は言わないし、むしろ当然と思うかもしれない。「車いすなのだから」「もういい年だから」と。でも、そうした言いわけなら、「寒いから」「体調が悪いから」「家族が反対するから」と、探せばいくらでも出てくるものだ。

そんなふうに私が言いわけの中に逃げ込んでいたら、卓球との出合いもなかったし、こんなにおもしろい人生を生きることもなかっただろう。

ふだんの生活でも、「車いすだから○○はできない」と思うようなことはほとんどない。人に頼らずに、できる限りのことは自分でする。そう心に決めておくと、どうすれば自力でやれるのか、一生懸命考えて工夫するようになる。

料理は同居している長男のお嫁さんがやってくれるが、掃除、洗濯など生活に必要なことは全部自分でやれる。カーテンの取り替えも、リクライニングベッドをいっぱいまで高くして、その上に座ってやってしまう。障子紙の張り替えだって、アイロンで張りつける障子紙があれば自分でできる。

我が家は一軒家で、車いすで生活するために改造はしたものの、段差が多くて決して暮らしやすいとは言えない。通路が狭くて、車いすで入っていったらそのままバックで出てこなければならないところもある。それも、リハビリの一つだと発想を転換すれば苦にならない。

何より、自分の力でできたと思うと、それが自信になってまたがんばろうという気持ちがわいてくる。

自分を180度違うところから見る

もちろん、ここに書いたことは、あくまで私の目標とするところだ。完璧にこなしてきたかと問われたら、体調が悪くてできないときもある。なんでもやれると言っても、それは日常生活の話。どうがんばっても全然できないことだってある。

でも、完璧でなくてもいいから、とにかく私は走り続けたい。走りながら考えるのが楽しいし、そのうちいい答えが出てくるに違いないと思うから。

卓球を始めて以来、自分でもあきれるくらいに、ひたすら走り続けてきた私だけれど、過去には落ち込んで立ち止まったこともあった。２章で書いた96年のジャパンカップで2回戦敗退したときのことだ。

あのとき、いったんラケットを置いて車いすマラソンに挑戦したことで、私は気持ちを新たにすることができた。視点を変えて、自分を１８０度違うところから見ることで、また卓球への意欲を取り戻すことができた。

いくらがんばってもうまくいかないことや、自分はだめだと自己否定してしまうことは、きっと誰にだってある。でもそんなときの自分は、どこか逃げていた。だめな自分を正当化するための言いわけ探しをしていたのだと思う。

違う視点で自分を見てみたらきっと何かが見つかるはず。どうしてもうまくいかないなら、それにこだわることはない。「これはだめだけど、こっちは行けるんじゃない？」「ずっと昔に好きだったことをもう一回やってみようか」と、今の自分だけを見るのではなく、ちょっと視点を変えてみればいい。

そして、行動を起こせばきっと誰かがサポートしてくれる。すぐに見つからなくても、いつかそんな人が現れる。これは私が自信を持って言えることだ。

ただし、じっと待っているだけでは何も起きない。私が車いす生活になって間もないころ、友人の喫茶店で手作りの小物を売ることで、少しずつ立ち直っていった話を書いた。

あのときも、単に趣味の延長で小物作りをしていたのではない。少しでも商品価値を高めるために、手芸屋さんに行って作り方を教えてもらったり、本を読んで研究したりして、よりよいものを作る努力をした。やがては注文をいただいて作るまでになったのも、それがあったからだと思う。まずは自分が行動を起こす。そこがスタートだ。

可視化で意識づけをする

なりたい自分をイメージしてそれを言葉にすることは、とても大切だ。私は年末になると、紙に来年の目標を書く。北京パラリンピックで逆転負けして、５位に終わった悔しさから始めた習慣だ。

「来年は世界ランキング８位以内に入りたい」「今度は５位以内に」

そんなふうに、なりたい自分の姿をイメージして紙に書くことで、自分の中に意識づけができる。３章で紹介した「言葉のお守り」と同様、可視化することで、より強く、日常的に意識できるようになる。そうやって、これまでに書いた目標はすべて実現してきた。

ロンドンパラリンピックに出場した12年には世界ランキング５位を達成したので、次は「４位以内」と書こうかと思っている。

また、１カ月ごと、１週間ごとに計画を立てて、やるべきことに優先順位をつけておく。漫然と練習をするより、そのほうが練習メニューを組み立てやすい。そんなことを始めてから、自分の中のいろいろなことが、スムーズに進むようになったと感じている。

毎日、スケジュールに合わせて動いているから、「明日は何をしようか」と思ったり、ボーッと過ごす日はほとんどない。一応、木曜日をオフの日にしているけれど、水曜日までにやり残したことがあると、それを木曜日に持ってくるから、結局はほとんどつぶれてしまう。

長期、中期の目標を立てたら、次は日々の目標を立てる。

平日の夜の練習時間はわずか2時間半。その時間を密度の濃いものにするため、ふだんの練習でも、「今日は左に重点的に球出しをしてもらおう」といったように、必ず目標を設定してやっている。

そして、練習を終えて家に帰ったら、熱いコーヒーを飲みながらその日の練習を振り返り、反省点をノートに書きつける。つまり、目標設定をしたら必ず振り返りをし、それを記録するというわけだ。それは、合宿などに臨むときも同じこと。この合宿で何をやりたいのか、合宿を終えて次に見えてきた課題は何なのかといったことを記録しておく。

また、常に小さな手帳を携帯して、気がついたことはすべて書き込んでおく。練習で思ったこと、気持ちの持ち方、対戦相手の癖や闘い方などなど、ほぼ毎日手帳に書き込みをする。

そして、その中からとくに大事だと思ったことを、「卓球秘話」と題したノートに書き込む。さらにその中から、エッセンスともいえる言葉を拾い出して、手のひら大の紙に少し大きな字で書いて、ラミネート加工する。

それは、海外での試合に必ず携帯して、言葉のお守りや「負けない」と書いたセンスなどといっしょに、ベンチに置いておくのだ。

とにかく、あらゆることを、徹底して可視化するのが私のやり方だ。

家のふすまには、常に目に入るように、世界のトップ選手たちの体格や性格、使用しているラバー、サーブの出し方などをマトリックスにした分析表が張ってある。海外の試合には、それをノートにまとめたものを必ず持参して、ことあるごとに目を通す。

実を言えば、この分析表は私にとって秘蔵中の秘蔵。今まで誰にも見せたことはなかったし、卓球仲間にも内緒にしていた。ところが、ロンドンパラリンピックの前に、ＮＨＫの『サンデースポーツ』が私を特集してくれて、その映像の中で分析表のこともばれてしまったのだ。

あのときは、当初、練習風景や私のインタビューが紹介されるだけなのだと思っていた。それが、職場にもカメラが入り、さらに、「家の前のようすも撮っていいですか」と言われて、家にも案内することになってしまった。

せっかく来ていただいたのに、玄関先で帰っていただくのも心苦しくて、取材クルーの皆さんに家に上がってもらってお茶を出していたら、「部屋はどこですか」となり、部屋に案内すると、秘蔵の分析表を見たスタッフが、「これはいいですね。サラッと映してもいいですか」となって、断りきれなくなってしまったのだ。

どうせ放送されるのならきれいに撮ってもらおうと、破れたところを修理し、お気に入りの蝶のシールを張って飾りつけ、改めて撮りに来てもらったのだけど、サラッとどころかバッチリ放送されて、思いがけず私のマル秘情報がばれてしまった。

テレビを見た卓球仲間には、「あんなこともやってたの」「内緒にしてたでしょ」と、からかわれるやら驚かれるやら。でもたぶん、世界を目指す選手なら誰でもやっていることだろう。『サンデースポーツ』の放送後は、会う人会う人に「テレビで見ましたよ」と声をかけられ、全然知らない人からも握手を求められたりした。障害者卓球というスポーツに光が当たり、選手はみんな、資金面の苦労を抱えながら世界を目指しているのだということを、たくさんの方に知ってもらえたことは、とてもよかったと思っている。

相手を知るために自分を知る

いつも卓球のことばかり考えて走り続けてきたが、このごろは、ときにはリフレッシュする時間も必要だと思うようになった。そんなときはウインドーショッピングをして、ささやかなご褒美を自分に買う。

「よくがんばったなあ」と、大好きな蝶のアクセサリーを買ったりして、自分をほめてあげる。

時間ができたら書道も習いたい。無心になって書に集中することで、また違う自分に出会えるかもしれない。私にとってのオフは、何もしないオフではなくて、卓球を離れるという意味のオフなのだ。たぶん、のんびり過ごすよりも、よほどリフレッシュできる時間になるだろう。

以前はがむしゃらに練習するばかりだったが、今は本も読むようにしている。最近読んだ中で心に残っているのは、実業家の斎藤一人さんが書かれた『強運』（ＰＨＰ研究所）という本だ。斎藤さんは、「うれしい」「楽しい」「感謝してます」「ありがとう」などの言葉を「天国言葉」と呼んで、天国言葉で話すことが強運につながると書いておられる。

そこに書かれた言葉の多くが、私もふだんよく使う言葉ばかりだったので、なるほどと腑に落ちた。考えてみれば私も無意識に、そうした前向きの言葉ばかりを使っている。いつもポジティブな気持ちでいられるのも、それがあるからだと思う。

本を読むようになったのは、自分のことをもっと深く知るためだ。60年余り生きてきても、自分のことがわかっているようでわかっていない。そして、自分を知らないと相手のこともわからない。

とはいえ、自分を知るというのは難しい。次はライバルたちに違う自分を見せたいと言ったものの、果たしてどう変われるのか、正直まだわからない。だからこそ明日が楽しみに思えるのだろう。私はまだまだ自分探しを続けたい。

おしゃれでテンションを上げる

私はみんなから派手だ派手だと言われるが、実は自分でも意識して派手にしている。ことに北京パラリンピックが終わってからは、いっそうハデハデを目指してきた。北京で5位入賞に終わったことが悔しくて、何かで自分を変えたいという思いがあったからだ。

以来、海外で闘うときは、編み込みのヘアスタイルが私のトレードマークになった。単なるおしゃれではなく、敵を編み込むぞというゲン担ぎ。試合の朝は、それを念じながら編み込みをしている。

髪には蝶の飾りをつける。キラキラと光るものは試合では認められないので、髪に埋め込んで、ぎりぎり許されるところまで、ちらりと見えるようにしておく。

ゴールドに日の丸をあしらったネイルと、つけまつ毛も欠かせない。ネイルは、海外遠征の前ならプロにお願いするが、ふだんは自分でマニキュアを塗る。つけまつ毛は6種類ほど持っているので、翌日の予定を考えながら、明日はどのつけまつ毛にしようかと選んでおくのが、毎晩のルーティンだ。

おしゃれは私にとって、勝負服の一部のようなもの。素顔の自分から卓球選手の別所キミヱへと、気持ちを切り替えてテンションを上げるのだ。きりっと髪を編み込み、ゴールドのネイルが輝く指にラケットを握れば、戦闘モードオン、というわけである。

人から派手と言われても全然気にしない。自分にとっていいと思うことなら胸を張ってやり続ける。人からあれは駄目、これはおかしいと言われてやめるようでは駄目なのだ。

いつも派手にしているものだから、ぜいたくをしているように誤解されるのだけど、実はおしゃれにはお金をかけていない。職場ではほとんどジャージにTシャツで、いざ改まった席に出ようと思ったら、着る服がなくて困ったことがあるくらいだ。

つけまつ毛やアイシャドウ、口紅といったポイントメイクに使う化粧品は、どれも百円均一ショップで買ったもの。がんばった自分をねぎらうためのご褒美も、ごく安いものばかりだ。

最近は、海外遠征に1回行くと、30万円以上かかってしまう。その費用を捻出するために、ほしいものがあってもずっと我慢してやってきた。ただ、人は我慢することも大切だ。何より卓球のためなら全然つらいとは思わない。自分が好きで選んだ道なのだから。

こじつけで気持ちをコントロール

アスリートはゲン担ぎをする人が多いが、私もこの1年は、色にこだわりたいと思っている。一つは白。衣類や持ち物、競技用の車いすなど、全部白にこだわりたい。携帯電話も白にしているし、電気製品も買い換える必要があれば白を選ぶつもりだ。

白は初心を表す色。どんな色彩にでも染まる色。初心に戻り、そこから自分を変えていきたいと思っている私の気持ちにぴったりとくる。

それに、自分で言うのもなんだけど、白いスーツを着て車いすに乗ると、我ながらサマになるのだ。以前その姿で街に出かけたら、エレベーターに乗り合わせた人に「よくお似合いですねえ」とほめられて、これはまんざらお世辞でもないぞと、うれしくなってしまった。

ただ、現実的なことを言えば、車いすに乗る人は、あまり白い衣服を好まない。タイヤに触れて、どうしても袖口が汚れるからだ。でもそれは洗えば済むことだと割り切っている。

もう一つ意識しているのが黄色。なんといっても、黄色には金メダルの金色が重なる。さらに、風水では黄色は金運アップや変革・変化の色とされている。

ロンドンパラリンピックに行く前におろしたトレーニングシューズには黄色が入っているし、ロンドンでは黄色のサングラスを買ってきた。バッグにも黄色い蝶のシールを張りつけている。実を言うと、ロンドンから戻ってきたとたん、この本を出版する話がきたのだから、ゲン担ぎも侮れない。

そして、試合のときは、靴下もショーツも、下着はすべて真っ赤でそろえた勝負下着を身につける。もともと可愛い下着が好きなので、日ごろから下着屋さんの前を通ると、いい下着はないかなといつもチェックしている。

こうしたゲン担ぎはどれも単なるこじつけにすぎないけれど、私はこじつけでもモチベーションが上がればそれでいいと思う。好きな色に囲まれていると気持ちもリラックスできる。頭の中はあまり難しいことを考えず、能天気にしておいて、ものにこじつけて気持ちをコントロールするのが私のやり方だ。


これは余談だけれど、いつもばっちりメイクを決めている私が、一度だけ不覚を取ったことがある。

海外のオープン戦に出場したときのこと。夜、メイクを落としてくつろいでいると、別の部屋に泊まっている吉田信一選手から電話がかかってきた。

「別所さん、今からこっちの部屋に来れる？」

「もうお化粧落としてるから、行かれへんわ」

「ドライヤー貸してもらえるかな。ちょっとだけだから」

そう言われて、しゃあないなあとドライヤーを持って部屋を訪ねて行くと、「カシャッ」と、いきなりの閃光とシャッター音。

なんと、吉田選手が私のすっぴん写真を撮って、自分のホームページに「これが別所の本当の顔だ！」とアップしてしまったのだ。

ひどい話だけれど、まんまと乗せられてホイホイと行ってしまう私も、つくづくアホやなあと思ったのだった。

そんないたずらっ子のような吉田選手も、海外遠征で一緒になると、親が子どもに説明するように、かんでくだいて何かと親切に教えてくれる。大事な話をぽかんと聞いていたり、時々とんちんかんなことをやってしまう私を、彼なりに気遣ってくれているのだろう。

でも、どこか抜けているところのある私だからこそ、さまざまな雑事を苦にも思わず、海外遠征を重ねてこられたのかもしれない。ノラリクラリと、それこそこんにゃくのようにやってきたから、今日の日まで卓球を続けてこられたのだ。

もちろん、資金がない中、せっかく海外に行くのだから結果は出さなければならない。あり余ったお金で行くのではないのだ。負けてポイントを稼がずに帰ってきたというのでは意味がない。そういう思いは常に私の中にある。

album 4

海外遠征の資金集めのために制作・販売をしたステッカー。みんなの支えが大きな後押しとなる。「アテネと北京のパラリンピックで、サポーターとして缶バッジやシールを買ってくださった皆さんにもずいぶん励ましていただいた」

第5章
パラリンピック出場の先に見えたもの

ロンドンを目指して、収入より練習を選んだ

09年、私は15年間続けてきたカフェの仕事を辞めた。理由は、練習時間を確保するためだ。当時の職場は家から通うのに時間がかかって、その分練習時間を削らざるを得なかった。それに、夜の練習が中心となると同じ人としかできないので、どうしてもマンネリになってしまう。私はもっといろんな球質、いろんなプレースタイルの人と練習したかった。そのままのペースで練習を続けていたのでは、これ以上の進歩がないと考えたのだ。

職場には1カ月前に突然辞職を申し出たので、同僚たちはずいぶん驚いたし、迷惑もかけたと思う。せめてもという思いで、これまでやってきた仕事のノウハウをすべて書き出してまとめ、引き継ぎをした。

退職後も何かあるごとにカフェに顔を出すが、店の人たちが、「あのとき辞める決断をしたのはまちがってなかった。だから今の別所さんがあるんや」と言ってくれるので、私もほっとしている。

仕事を辞めて収入の道が絶たれるのは不安だったけれど、本当にやりたいことのためには、何かを犠牲にしても決断しないといけない時がある。収入を取るのか、練習を取るのかと考え

て、私は練習を選んだ。

とはいえ、この09年だけでも3回も海外遠征に行っており、正直なところ、お金がなくて本当に苦しかった。同居している息子夫婦には、大家さんとして家賃をもらうという形で、ずっと協力してもらっている。

アルバイトはしていたが収入はわずかなもの。やはりもう少し仕事をしたいという思いが強くなっていたとき、ふとしたことがきっかけで、思いがけない幸運に巡り合うことになった。11年の春だった。私が家を出たところへ、たまたま郵便局の石川敏雄さんが、郵便物の配達にやって来た。

以前からの顔なじみだったので、あいさつのついでに、「今お金がないのよ。郵便局で人を募集してないかな」と聞いてみた。

「何かあるかもしれないから、聞いてあげるわ」と請け合ってくれたが、しばらくたっても返事がない。年齢も年齢だから、だめなのかなあと思ったが、何週間かしてもう一度電話でたずねてみた。すると、「近々面接の案内を送ります」との返事。そして、11年5月、私は家の近くの郵便局で面接を受けることになった。

面接では、障害者用トイレがもし故障しても普通のトイレが使えるかとか、入口の扉が重いのでそれを開けられるか、郵便局の中を車いすで移動できるかといったことを、実際に動きながら確認した。

私は履歴書のほかに、雑誌のインタビューを受けたときの記事のコピーや、車いすになった事情とその後のことを詳しく書いたメモを一緒に提出した。

また、出場を予定している国際大会の日程や合宿の予定も全部書いて、「もし採用された場合、この日はお休みをください」とお願いした。

練習があるから仕事はそれほどできない。でもお金が必要だから、ロンドンパラリンピックに向けて、3カ月か半年だけでもいいから雇ってもらえればという考えだった。その後間もなく採用の案内が来たが、よくぞそんな私を採用してくださったものと、面接をしていただいた森脇淳司課長には感謝の思いでいっぱいだ。

仕事は、コールセンターでのお客様対応。「不在連絡票が入っていた」とか「荷物を送りたいので集荷に来てほしい」といったような、電話での問い合わせを受けつける窓口だ。

私を紹介してくれた石川さんもとても喜んでくれて、顔を合わせると「あんたは今が旬や。がんばりよ」と励ましてくれる。

スポンサーの言葉を胸に刻んで

日本郵政にお世話になっているのは仕事の面だけではない。ロンドンパラリンピックの前に本社から連絡があって、活動資金はどれぐらい必要なのかと聞かれたので、コーチ代や国際大会の遠征費、遠方に練習に行くときの交通費などの明細を出しておいた。

すると、奨励金として、活動費を出してもらえることになったのだ。ロンドンの出発に先だって本社にあいさつにうかがうと、斎藤次郎社長（当時）が激励の言葉とともに、奨励金の目録をくださった。

職場の郵便局では、「祝・別所キミヱ選手　輝けシャイニー！　めざせ金メダル‼」と大書した懸垂幕を掲げて、ロンドンへの旅立ちを見送ってくれた。

練習の面から見ても、日本郵政との出合いはとても幸運だった。

日本郵政は、グループ内で全国大会を開くほど卓球が盛んで、各地で卓球部が活動している。私はそれまで、限られた人としか練習ができていなかったので、日本郵政の卓球部の人たちと練習ができれば、これほどありがたいことはない。ぜひ、ビシビシ鍛えてほしいと思っている。

そして、そのことを知った近畿支社の安村幸夫本部長が、何かと気にかけてくださっていて、練習相手をしてもらえそうな人がいると、紹介してくださるのだ。

郵政グループを挙げての物心両面からのサポートには、本当に感謝している。

「バタフライ」の商標で知られる卓球メーカーのタマスには、アドバイザリースタッフ（契約選手）としてサポートをしてもらっている。

タマスとのご縁ができたのも偶然だった。師匠の皆見さんに練習相手をしてもらうため香川県に行った同じ日に、タマスの田舛公彦社長（当時）が、スポンサー契約のことで皆見さんを訪ねて来られたのだ。皆見さんは障害者卓球の選手としては、初めてスポンサー契約を結んだ人だ。

そのときは、田舛社長とは、「どこから来てるの？」「兵庫県の明石市です」などと、短く言葉を交わしただけだった。

それから2年ほどして、私は田舛社長に手紙を書いた。病気や家族のこと、卓球歴、世界で闘ってメダルを取りたいという夢。そして、その夢をかなえるために、とにかく用具がほしいといったことをしたためた。

卓球はラバーだけでも何十種類もあって、どのラバーを使うかによって球質もプレースタイルも全然違ってくる。そのころの私は、ラバーの微妙な違いがわかるようになってきていたので、自分に一番合うラバーを見つけようと試行錯誤していた。

最適なラバーを探すために、当時出場した8回の国際大会では、8回とも違うラバーで挑んだ。周りの人には「別所さん、そんなことして大丈夫？」と驚かれたけれど、試さずにあれこれ悩むよりも、やってみて駄目だったら違う手を考えればいいと思ったのだ。

手紙を送って間もなく、タマスの用具担当の方から連絡をいただいて、ラバーとラケットを提供してもらうようになり、その3年後にはユニフォームも含めて、用品用具をすべて提供してもらえるようになった。08年からは、海外遠征費の支援もしていただいている。

現在は相談役となられた田舛さんには、ロンドンパラリンピックのあと、慰労会を開いていただいた。

「香川で初めて会ったとき、別所さんがまさかここまで来るとは思わなかった。別所さんががんばっているのを見ると、僕らもがんばれる」

そう言って励ましてくださった。

ずっと以前、田舛相談役には「日本で100勝するより、世界でがんばってほしい」と言われた。その言葉は、今も私の心の指標だ。

世界で闘うようになって以来、遠征費用やコーチ代などの資金をどうするかという問題が常につきまとっていたが、タマスに加えて日本郵政からもサポートをしてもらったおかげで、ロンドンパラリンピックには、より卓球に集中して臨むことができた。

どうやらそんな気持ちの変化が、私の顔にも表れていたらしい。自分では気づかなかったが、友人には、北京パラリンピックのときとは表情が違って見えたそうだ。北京を目指していたときは、海外遠征の費用がなくて本当に苦しかった。今の私は、なんて幸せなんだろうと思う。

出場決定。うれしさよりも使命感が大きかった

04年に初めてアテネパラリンピック出場が決まったときは、「やったー」という喜びでいっぱいだったけれど、北京、ロンドンと、回を重ねるにつれて気持ちが変わっていった。

アテネでは、日本からは男性4人、女性4人の計8人が参加した。ところが北京で出場権を得たのは、岡紀彦選手と私だけだった。

ロンドンは、5月の時点で出場が決まっていたのは私一人だけ。その後7月3日に、日本パラリンピック委員会から代表選手の正式発表があり、立位の選手と知的障害の選手が加わって3人になったが、それでも女子は私一人。ロンドンが決まってうれしいというよりも、代表として、みんなの分までしっかりやらなければという使命感のほうが大きかった。

ナショナルチームで共にロンドンを目指してきた選手たちの多くが、出場権を得られなかったことは、とても残念だった。結果的にポイントが足りなかったわけだが、それは実力だけではなく、お金と練習時間が足りなかったことも大きな原因だろう。

オリンピック・パラリンピック合同壮行会の席で、立位で初出場を果たした板井淳記選手が、「パラリンピック出場で仕事を休むために仕事量が増え、練習時間が少なくなっている」と話していたが、障害者卓球では選手の多くが、仕事と競技の両立に苦労している。

また、日本は選手層が薄いから、同じような相手としか練習ができないことも悩みの種だ。年に2回召集されるナショナルチームの合宿では、トップクラスの選手と切磋琢磨することができるが、合宿から戻ると、同じ人と同じ練習しかできない。

根本には国の支援のあり方の問題があるのだけれど、とにかく今は、自分で練習を工夫するしかない。だから、健常者であろうが障害者だろうが関係なく、いろんな人と練習をやりたいのだ。

一方で世界の卓球は、国を挙げての強化策で、どんどんレベルが上がっている。パラリンピックのメダル獲得数を見ても、日本はシドニーで銀と銅をそれぞれ1個獲得したのを最後に、アテネ以来3大会連続でゼロ。世界との差は開くばかりだ。

勝つための準備。マジック球とスパイラル打法に挑戦

4章でも書いたように、若くて力のある選手に勝つために私が考えた戦術が、緩急をつけた球を相手が嫌がるところに返して、相手の気持ちを落とすこと。そして、意表を突くプレーで、動揺を誘うということだ。

その極めつけともいえるのが、私が考案した「マジック球」だ。球の側面と下側をラケットでこすって回転をかけ、ポーンと高く上げる。すると相手コートに落ちた瞬間に曲がって、サイドラインから逃げるから、相手はレシーブすることができない。

「マジック球」という名前には、相手の意表を突く魔法のような球、という意味を込めた。

3年前から練習してきたが、まだ成功率は90パーセントというところ。試合で打つのは勇気がいるけれど、ロンドンでは勝負をかけようと思った。


ロンドンに向けてもう一つ挑戦したのが、「スパイラル打法」だ。

元明治大学卓球部監督の平岡義博さんが理論化した打法で、スイングするときに、肩を使って腕を回して打つというもの。ストレートに来るのかクロスに来るのか、見分けがつきにくく、まさに相手の意表を突く球だ。

最初にこの打法のことを教えてくれたのは、皆見さんだった。

「いいことを思いついたから今すぐ来て」と言うので、本当にすぐに宿をとって、翌日には香川に駆けつけた。そのとき皆見さんが手にしていたのが、平岡さんの『卓球スパイラル打法』（ベースボールマガジン社）という本だった。

私も本を読んだが、それより直接会って教えてもらったほうがいいと皆見さんに言われ、今度はすぐに東京に行った。それがロンドンパラリンピックを半年後に控えた3月のこと。

そのときは、一度の指導では覚えられないと思ったので、テーブルテニスショップタカハシの荒川翔一さんに同行してもらい、そのあとは、荒川さんから教えてもらうことにした。荒川さんとは、テーブルテニスショップタカハシが開くママさん卓球教室で、以前から指導を受けていたご縁だ。元日本リーガーで、全日本選手権にも出場した人である。

さらに5月には、関西に来られた平岡さんに姫路まで足を延ばしてもらって、再度指導を受けた。

結局、「スパイラル打法もどき」の打ち方はできたが、肩がうまく回らなくて、パラリンピックまでに自分のものにすることはできなかった。

そんな私を見て、「東京まで行って、4時間教えてもらうのにいったいいくら使ったの」と言う人もいた。でも私は、そういう考え方をした時点で、もう自分に対してマイナスになっていると思う。

平岡さんには気持ちだけしか謝礼をお渡しできなかったが、同行してもらった荒川さんと自分の交通費を合わせると、私にとっては大きな出費だった。でも、平岡さんはとても忙しくて、なかなかつかまえられない人だと聞く。そんな人に直接学べただけでもすごいチャンスをいただいたということだ。

チャンスというのは、人生にそうはあるものではない。いいと思ったらすぐに行動に移すことが、チャンスを逃さないことにつながる。明日にしようか、次にしようかとか、これだけお金をかける価値はあるのかといったことは考えない。これまでずっとそうしてやってきたし、そのことで後悔したことは一度もない。

今思い返しても、ロンドンにかける思いは必死だった。毎週1回は自費でコーチの指導を受け、月に2、3回は泊りがけで香川県の皆見さんの元に練習に行った。

これで私は、できることをすべてやってロンドンに臨める。そう思うと、結果がどうであろうとまったく悔いはなかった。

ロンドンパラリンピックへ

7月23日、東京でロンドンパラリンピックの結団式が行われた。卓球の代表選手が少ないということで少し寂しかったが、セレモニーに参加すると、やはり気持ちが高まってくる。団長の決意表明を聞きながら、日本の選手団が一つになってがんばろうという思いを新たにした。

その後は家に戻りロンドンに向けて準備をするのだが、荷物のチェックや、ロゴがパラリンピックの規定に合っているかどうかなど、やることが多くて忙しい。ユニフォームも、真っさらは着心地がよくないので、一度洗濯して水を通しておいた。

事務局からはさまざまな連絡が来るが、以前は書類で届いていたのが今は全部メールなので、それをチェックするだけでも大変だ。

出発前夜は、友人と息子たちが一緒に成田に泊まって、ワイワイとにぎやかに見送ってくれた。

今回印象的だったのは、成田でもロンドンでも、メディアの取材が多かったことだ。ある記者が、「今までは、車いすバスケットボールぐらいしか取材したことがなかった。今回はいろんな障害者スポーツを取材して勉強になった。次のリオデジャネイロでもぜひパラリンピックを取材したい」と言っていたが、以前にくらべると、障害者スポーツがメディアの注目を集めるようになってきていると感じた。

卓球はとくに、車いすバスケットボールのような派手なスポーツにくらべて、取り上げられる機会が少ない。それが今回は、ずいぶん注目してもらえてうれしかった。

その理由の一つは、最高年齢でがんばっているということもあるが、やはりこのキラキラのネイルや化粧のおかげだろう。

ロンドンパラリンピックでは、地元メディアの女性記者から「美を追求されている選手だとお聞きしましたが」と切り出されて、さすがに驚いた。

日本語の話せる記者だったから、たぶんＮＨＫの『サンデースポーツ』で、私のことが特集されたのを見たのだろう。テレビの威力にはすごいものがあって、最近は国内の試合でも「編み込みヘアが見たかったのに、今日はしてないんですか」などと声をかけられる。期待に応えて、これからは国内の試合でも編み込みにしようか、なんて思っている。

選手村でも「オー、ビューティフル」と、よく声をかけてもらった。ほかの選手たちはほとんど化粧をしていないからなおさら目立つのだろう。

ロンドンまでは、飛行機で12時間半。海外遠征ではいつもそうだが、飛行機の中では対戦相手の情報をまとめたノートに目を通したり、試合のビデオを見たりして過ごす。「そんなに勢いこんでどうするの」とからかわれるが、飛行機に乗ると眠れないので、ライバルを研究する時間にあてることにしている。そうやって、試合に向けて自分の気持ちを高めていく。なので、ビデオと愛用のラケットは、必ず手荷物の中に入れておくことにしている。

環境と生活リズムに慣れる

8月23日、ヒースロー空港に到着。

空港は歓迎ムードに包まれ、どこをみてもパラリンピックのロゴ一色。いよいよ来たぞと、気持ちが盛り上がってくる。ロンドンはパラリンピック史上初めて、オリンピックと共通デザインのロゴを採用したことでも話題になった大会だ。

選手村に到着すると、1日目は、選手村のどこに何があるかを把握したり、注意事項の説明や部屋のチェックなどに費やされる。もし、滞在中に部屋を傷つけたりした場合は、弁償しなければならないからだ。翌日は、食堂など選手村の視察。練習をスタートすることができたのは3日目からだった。

練習は1日に2回。それぞれ1時間の公式練習と個別練習で、わずか2時間しかできなかった。ガンガン打って体でタイミングを覚えていくタイプの私には、完全に練習不足だ。今までのパラリンピックではもっと練習時間が取れていただけに、自分の中では納得がいかなかった。練習のペースが変わったときの調整の難しさを考えると、もし次回もパラリンピックに行けるなら、試合の1週間ぐらい前は練習をセーブして、イメージトレーニングを多くしたほうがいいのかもしれない。ラケットの素振りをしたり、過去の試合のビデオを見たりして、イメージトレーニングをしながら、少しずつ本番のペースに合わせた練習の仕方にチェンジしていくことが必要だと感じた。

練習以外の時間は、部屋に戻って対戦相手の情報をチェックしたり、選手村の中を見て回ったりして過ごした。手を痛めていたので、マッサージもしてもらった。

開会式は8月29日で、卓球競技が始まるのが30日、私の初戦は31日だ。

試合を待っている間も、焦りを感じることはなかった。海外で大事なのは、まず環境と生活リズムに慣れること。私はどこに行っても、できるだけ日本にいるときと同じペースで過ごすようにしている。朝は必ず6時には起きて化粧をし、朝食を取る。

食事が終わると、部屋に戻らずにそのまま練習会場に移動した。ロンドンの選手村はレンガ道になっていて、車いすでは移動しにくかった。食堂から一度部屋に戻っていたのではエネルギーがもったいない。

部屋ではお風呂に入るのにも苦労した。浴槽が高くて乗り越えられないのだ。シャワーチェアをもらって工夫したが、お風呂に入るために練習よりもエネルギーを消耗するほどだった。そのためパラリンピックの期間中は、いつもより左足の調子が悪かった。

シャワーだけの部屋もあって、そうなると車いすでは入れない。部屋そのものはバリアフリーになっていたが、パラリンピックなのに配慮が十分ではないことが残念だった。

宿命のライバルと対決

27日に対戦相手が決まった。出場選手は12人で、4ブロックに分かれて予選リーグを闘う。私の対戦相手は、第1試合が世界ランキング20位のアルゼンチン代表。第2試合が同3位のヨルダン代表だった。

それを知って「しめた！」と思った。ヨルダン代表のカマル選手は、北京パラリンピックのとき、２―１と私がリードしていながら逆転負けした相手だ。09年のアジア・オセアニア選手権大会では、３位決定戦で私が３―２で勝っている。いわば宿命のライバルだ。

「今度は北京の雪辱を晴らすぞ」と奮い立った。

ただ、カマル選手はなかなか油断のならない相手ではあった。自分がうまくいかないときは、いきなり車いすを下りて、何かトラブルが起きたと言わんばかりに車いすを直すふりをする。そうやって自分のペースに持っていくのがうまいのだ。決してよいマナーとは言えないが、そうまでして勝ちたいという執念は、私も見習わないといけないと思っている。

31日のアルゼンチン代表との初戦は、まったく緊張することなく試合に臨めた。向こうもいやらしい球で攻めてきてタイミングが合わせにくかったが、負ける気がしなかった。３―０のストレート勝ちだ。

試合中、応援席からは「別所さーん」と、日本の応援団の声援が聞こえ、すぐそこに、日の丸の旗が揺れるのが見えた。

９月１日の第２試合。「今度はやっつけるぞ」と勢い込んで試合に臨んだが、結果は０―３

のストレート負け。第1セットに続いて第2セットも落としてしまい、自分のプレーができず波に乗れなかった。練習してきたマジック球もうまく決まらず、3セット目にやっと1本が決まっただけ。マジック球を打てるような球が来なかったのだ。

今思えば、カマル選手との対戦が決まったとき、「ラッキー」という気持ちがよぎったのがいけなかった。肩に力が入って甘い返球が多くなり、焦りが生まれた。練習を見ていると、向こうもよく研究しているなと感じた。

試合結果は1勝1敗、予選リーグ敗退で5位入賞。世界ランキング通りということだ。やはり、ランキングで4位に入らないといけない。この、5位から4位への壁の厚さを、改めて思い知った試合だった。

ちなみに、現在の世界ランキング4位は、ロンドンで銅メダルをとったスウェーデンの選手だ。体が大きくて手が長いから、どこに打っても返されてしまい、ずっと負け越している。彼女を、なんとしてもやっつけたい。

言いわけをするつもりはないが、ロンドンは、空気がひどく乾燥していて、やわらかい卓球をする私にはやりにくいところがあった。球が軽く感じられて、ポンとはじいてしまう。微妙なタッチが違うのだ。

とくに私は、極薄のラバーを使っているので、少しの変化にも敏感になる。ラケットにラバーを張りつけるための接着剤が変わっただけでも、球を打つ音に違和感を持つことがあるくらいだ。

円盤投げに出場した大井利江選手も、「乾燥していて円盤が持ちにくかった」と言っているのを聞いて、ああ、やっぱりと思った。海外では気候も計算しておかなければいけないと、身に染みてわかったこともいい勉強だ。ちなみに大井選手も、当時は私と同じ64歳。私より９カ月ばかり遅いので、私が最年長であることに変わりはない。

すべてが凝縮したロンドン

ロンドンパラリンピックは、メダルを取る自信があっただけに、負けたことはショックだった。試合後は、自分のプレーをビデオで見るのも嫌だったが、２日目に、思い直して見ることにした。

やはり、自分が負けた直後に見るのがいちばんよくわかる。この時はこんなことをやっていたな、これはよくなかったなというように。同じビデオを見ても、日本に帰ってから振り返るのとでは、また視点が違う。

ただ、負けた悔しさはあるけれど、落ち込むことはなかった。まだ何かやれることがあるという気がしているし、この次は負けられないと思っている。もう一段上のことをやって、次のアジア地域選手権大会ではロンドンの雪辱を晴らすつもりだ。

何より、ロンドンには引き出しはたくさん持って行ったという自負がある。十分には使えなかったとしても、やるべきことをすべてやって臨んだということが、次への自信になる。大舞台で使えなかった悔しさはあるが、試合に負けて得たこともいっぱいある。絶対に無駄にはなっていない。そう思いたい。


結果はともあれ、ロンドンはとても楽しかった。なにしろ観客の応援がすごい。通常、オリンピックにくらべるとパラリンピックは観客が少ないが、ロンドンは違った。さすが、パラリンピック発祥の地だ。わき上がるような拍手と歓声が、どれだけ選手を力づけてくれたことか。

どの国のチームや選手に対しても、惜しみない称賛の拍手を送ってくれるロンドンの観客を見ていると、みんな純粋に、このスポーツの祭典を楽しんでいるのだと感動した。観戦チケットは、北京大会の１８０万枚を大きく上回り、前売りだけで、過去最多の２４０万枚が売れたと報道されている。

試合後は、岡博子コーチと一緒に観光も楽しんだ。地下鉄に乗って、バッキンガム宮殿とビッグベンを見に行ったが、ヨーロッパの街はどこも石畳が多いので、車いすはガタガタして移動しにくい。けれど、昔ながらの街並みは美しく、それを見られただけでも満足だった。

たくさんのメディアに取材されたおかげで、観光客から、「あなたを見たよ」とサインを求められたり、試合を見た人から「会えてよかった」「感動をありがとう」と言ってもらえたりしたこともうれしかった。

選手村でも、いろんな人と写真を撮ったりして、最高に楽しかった。岡コーチは、外国人の選手をつかまえてはこう言うのだ。

「How old do you think she is？（彼女は何歳だと思う）」
「Forty-two？（42歳）」
「No, no！ Sixty-four！（違う違う、64歳）」

「Wow, surprised！（わあ、びっくり）」

それだけで盛り上がるものだから、岡コーチはすぐに私の年をばらしてしまう。皆さんに楽しんでいただけるなら、まあしゃあないなあと思ったけれど、今回のパラリンピックほど年齢を意識したことはない。

ロンドンを発つとき、私の胸にあったのは、やることはやったという満ち足りた気持ちだけだった。私を支えてくれた人たちへの感謝の想い、懸命に取り組んだ練習、お金の苦労、障害者スポーツ最高の舞台に立てた喜び。すべてが凝縮したロンドンパラリンピックだった。

若い人たちにも世界を目指してほしい

私には、04年のアテネパラリンピックに行く前に、皆見さんから言われた言葉がずっと胸にある。

「別所さん、パラリンピックに行ったら人生観変わるよ」

まさにその通りだった。世界の頂点を見たという体験が自分を大きく変えてくれる。パラリンピックに行けたという自信が、何をやるのにも力になった。考え方、人生観、生き方、すべてに大きな影響を受けた。

だから若い人たちにはぜひ、世界を目指してほしい。若い人がなかなか行けないのは、資金だけではなく、練習量のこともある。やはり、練習をたくさんしないと世界では勝てない。

私は、自分なりに「練習をたくさんやりました」と、胸を張って言えるくらいやってきた。自己満足と言われようとも、目標に向かってがんばることはすばらしい。心を豊かにするためにもやり遂げる勇気を持ちたい。

ロンドンでは、女子は私一人だった。いつまでも私のような最高齢と言われる選手が行っているようでは、本当は駄目なのだ。

ずいぶんえらそうなことを書いているけれど、ここまで強くなれたことが、自分でも不思議に思える。それほどに、パラリンピックが私を変えてくれたということだ。

ほかの競技の選手たちの闘いぶりを見ることも、とても勉強になる。

ロンドンでは、同じ体育館で柔道とシッティングバレーとフェンシングが競技をやっていたので、試合が終わってから見せてもらったが、学ぶところがたくさんあった。

柔道を見ていて思ったのは、強い選手はリードしても攻め続けるということ。

私は、リードすると守りたくなる自分が出てくる。あと1点となるとなおさらだ。大事に行こうと思って、それで負けたこともあった。でも、やはり最後まで強い気持ちで攻めていく人が勝つ。それを目の前で見てとても参考になった。

また、構えてから攻めていくときのタイミングや、相手との間合いの取り方も勉強になった。卓球も、サーブをするときの間合いの取り方に独特なものがある。相手のサーブを受けるときのタイミングの取り方も難しい。向こうに合わせると自分が引きずられてしまうので、合わせないような間の取り方をするのだ。

それはその時々の呼吸、雰囲気で変わるもので、言葉ではうまく言い表せない。経験を重ね、体で感じるしかない感覚だ。

たとえ一人でも世界へ

周囲には、「次のパラリンピックもがんばって」と言ってくれる人もいる。リオデジャネイロでは私は68歳だ。岡コーチは、「別所さんならその次のパラリピックも大丈夫よ」なんて言うものだから、「いったい、そのとき私は何歳？」と笑っている。

でも、正直なところ、自分ではまだまだうまくなると思っている。一番の問題は、やはり遠征費だ。ロンドンの前には6大会に参加したが、次の目標となる世界選手権大会の出場権を得るには、少なくとも毎年4大会か5大会は行かなければ世界ランキングを維持できない。

それというのも、国際大会で得たポイントは、翌年には消えてしまうからだ。パラリンピックや世界選手権大会は、1年で25パーセントずつ消える。次のパラリンピックを目指すには、4年間走り続けなければならないということだ。

世界のライバルたちは年間に9大会ぐらい行っているが、そうなると300万円以上かかるだろう。私はそこまでの資金はないから、よく行ったとしても6大会というところ。それで結果を出すには、自分をそうとう追い込まなければならない。

また、パラリンピックや世界選手権の予選も兼ねる地域選手権は、今までアフリカ、アメリカ、ヨーロッパ、アジア・オセアニアの4大陸で開かれていたのが、アジアとオセアニアが分かれて5大陸になった。
そこで優勝した人はランキングが低くてもパラリンピックの出場権を得るから、強豪の多いアジアと一緒では勝てなかった人が上がってくる。パラリンピックへの道はいっそう厳しくなったということだ。

やみくもに、国際大会に出ればいいというものでもない。自分よりランキングが上位の人に勝てばポイントをもらえるが、下位の人に勝ってももらえない。それどころか、下位の人に負けるとポイントが減らされてしまう。自分より下位の人がたくさん出場する大会に出てもあまりポイントを増やせないということだ。

国際大会は、13年なら年間に16大会が開かれる。どの大会に出場するのか、よく考えて選ぶ必要がある。

日本の選手はみんな資金に困っているから、海外に行く人は少ないかもしれないが、私はたとえ一人でも、通訳をつけて行こうかと考えている。

もう一つ。世界ランキング4位以内を目指すなら、やはり専属コーチがほしい。これまでは、週に1回のママさん卓球教室と仲間との練習で技術を磨いてきた。

あっちこっち故障しているから、私をケアしてくれるトレーナーもほしい。練習が終わったあとは自分で指のマッサージをしたりするが、自己流ではやはり限界がある。

それに、トレーニングジムに行って体力をつけたいし、体幹も鍛えたい。海外の試合でいいプレーをするには、もっと体力が必要なのだ。私と夢を共有してくれるコーチとトレーナーを探すことが、今後の課題だ。

そして、今は先のことより、一つ上のことをやろうと思っている。もちろん、世界を目指す気持ちに変わりはない。まずは、13年10月に開かれるアジア地域選手権大会が大きな目標だ。その次が翌年の世界選手権大会。

そうやって一つひとつクリアしていって、その先にリオデジャネイロパラリンピックが見えてきたなら、行けるところまで行くまでだ。

スポンサーや友人や、たくさんの人たちの思いを背負って行くのだから、いい加減な練習や闘い方はできない。何より、この先自分がどれだけ進化できるか見てみたい。私はまだまだ挑戦を続けていく。

ロンドンは人生の金メダル

パラリンピックが終わってロンドンから帰るとき、長男の勇人から、「おかん、日本に着いたらすぐに電話してな」とメールが来た。

いったいどんな急ぎの用があるのだろうと不思議に思いながらも、成田空港に着くとすぐに電話を入れてみた。勇人の話は、私にとってちょっと意外なものだった。

「俺はヨルダンとの試合が悔しくてしょうがないねん。おかん。リオデジャネイロもがんばり。俺も仕事がんばって応援するわ」

私があまりに卓球に夢中になっているものだから、ときには「ええ加減に年を考えろよ」と、渋い顔をすることもあった勇人が、そんなことを言ってくれるなんて。

「ありがとう。がんばるわ」

そう返事をしながら、うれしくて仕方がなかった。

パラリンピックは、アスリートにとって夢の舞台だ。がんばってきたことに対する大きなご褒美みたいなもの。けれど、そのご褒美を手にするには、食うか食われるかの厳しい勝負の世界を勝ち抜いて行かなければならない。

私は、病気の再発への不安と、年齢という二つのハンディがあったからこそ必死でやってきた。もうあとはない、来るなら来てみろという感じだ。だから、もし今死んでも悔いはないと言えるくらいに精いっぱいやってきた。

ロンドンパラリンピックではメダルを取ることはできなかったけれど、いろんなことに挑戦して、意気込んで行った私はすごかったと思う。自分で自分を誇りに思う。遠征費やコーチ代を稼ぐために、仕事もしながらの挑戦だった。今振り返っても、我ながらすごいエネルギーだ。だから、私の心の中には金メダルがある。私の人生に対しての金メダルだ。


ロンドンから帰国して2カ月ほどたったころ、思いがけないものが届いた。孫の佑星が、学校の友達と一緒に空き缶で作った「金メダル」だ。

「よくがんばりました」

缶の中には子どもたちが書いたそんなメッセージが入っていて、思わず顔がほころんだ。ほめてくれてありがとう。おばちゃんはうれしいよ！

そういえば、北京パラリンピックのあった年のクリスマスにも、佑星は、自分で作った指編みのマフラーをプレゼントしてくれたのだった。そのとき、一緒にもらった手紙には、こう書いてあった。

「べっしょのおばあちゃんへ。

マフラーをあんだよ。

おばあちゃんすき。

くるまいすにのっているから。

がんばっているから。

ゆうせいより」

佑星が小さな指で編んでくれたマフラーは、私の宝物だ。

album 5

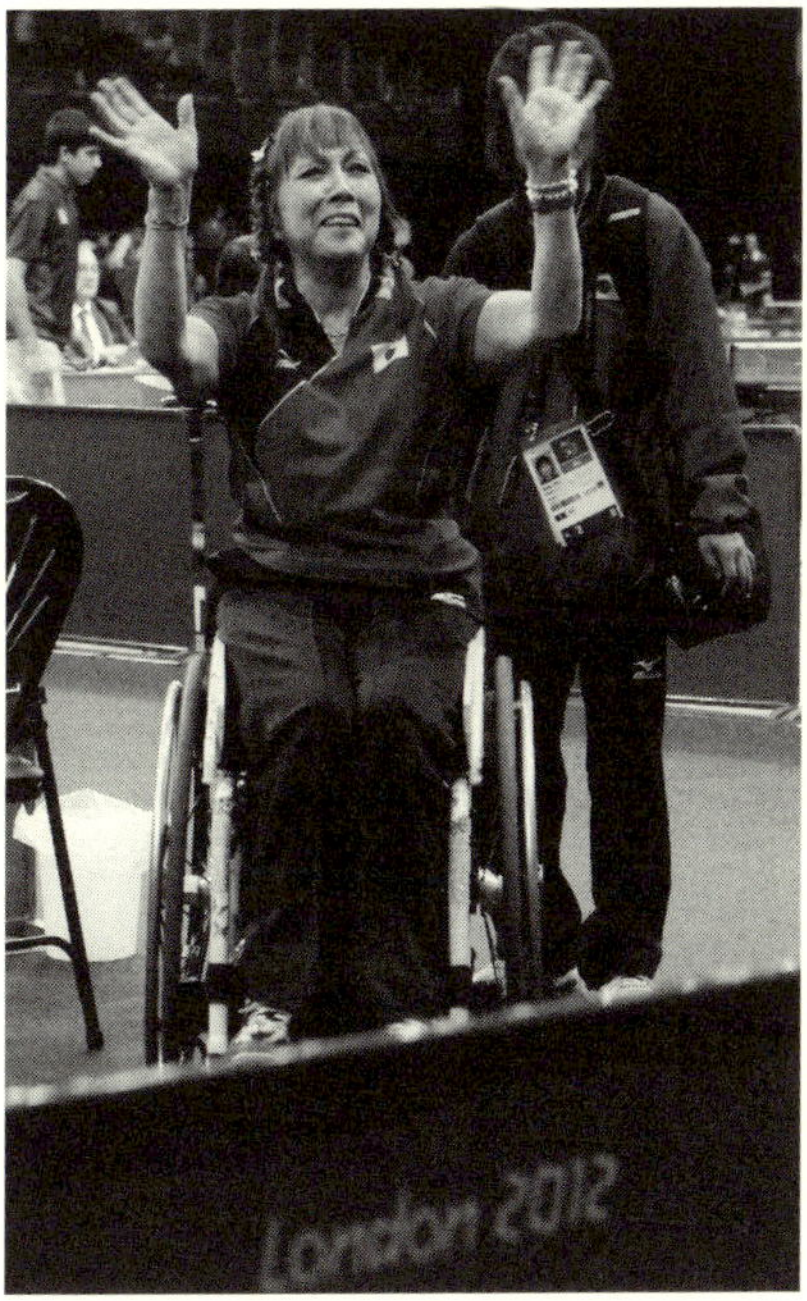

写真提供：共同通信社

「負けたらあかん」。ロンドンパラリンピック、１次リーグでアルゼンチン選手を破った瞬間の１枚。「勝つ喜びを知ると、勝利への執着が湧いてくる。また、試合をすると自分の欠点や課題が見えてくるから、それを克服しようと、練習にもいっそう熱が入るようになる」

エピローグ

輝き続ける。私はシャイニー

仕事はいつも初心を忘れずに

朝、郵便局での仕事は、社員全員の机の上を雑巾で拭くことから始まる。職場では私が一番の新米だから、ちょっとだけ早く行って皆さんをお待ちすることにしているのだ。

「今朝は、電話機も拭かせていただきました。今日もよろしくお願いします」

「ほんと、きれいになったね。シャイニーありがとう」

「赤ちゃんだった私も、やっと歯が3本生えました。早くハイハイできるように、お仕事がんばります」

そんなふうにおどける私に、「大丈夫だよ。もう5本くらい生えてるよ」と、皆さんも調子を合わせてくれるものだから、いつも笑いが絶えない。

コールセンターの仕事を始めてもうすぐ2年になるというのに、新米というのもおかしいかもしれない。けれど、海外遠征や練習のために、勤務できるのはひと月のうち平均10日ぐらい。だから、休みが続いたあとで仕事に入るときには、「すみません。久々なので忘れていることもあるかもしれませんが、よろしくお願いします」と、初心者の気持ちで仕事に向かう。

お客様相手の仕事だけに、クレームにつながるようなミスはできない。職場の上司や同僚たちに迷惑をかけないようにしよう、ちゃんと仕事をしようと、肝に銘じている。

2年たとうが3年たとうが、そうやって、初心を忘れずに仕事に向かいたい。この郵便局に、「仕事をさせてください」とお願いに来たときの熱意を、私は今も忘れずにやっているだろうか、採用してくださった方の期待に応えられているだろうかと、常に自分に問いかけるようにしている。

なぜなら、「その年で、よく採用してもらえたね」と、友人たちはみんな口をそろえるし、自分でもそう思うからだ。この郵便局に勤めることができたおかげで、日本郵政から奨励金をいただくことができたし、卓球の世界も広がった。もし不採用だったら今の私はなかっただろう。採用していただいたご恩は決して忘れられないし、それを思うと、感謝の気持ちでいっぱいになる。

たくさんの出会いに支えられて

郵便局の仕事とのご縁は、本当に偶然の巡り合わせだった。あのとき、たまたま郵便物を配達に来た石川さんに出会わなければ、仕事の紹介を頼むこともなかったかもしれない。ちょっとした偶然が、私に大きな幸運をもたらしてくれた。

私にはそれが、風がふわっと運んできてくれた幸運のように思える。仙骨巨細胞腫という病気になってからの私の人生は、そんないくつもの幸運とたくさんの人との出会いに支えられてきた。

支えてくれた人たちの中には、私が顔さえ知らない人もたくさんいる。

手術のときに血液を提供してくださった、延べ140人の皆さん。夫がかつて勤めていた会社の方や、友人の友人が、言葉を交わしたことすらない私のために、何度も病院に足を運んでくださった。

死にたいと考えたことも一度ならずあったけれど、140人もの方々の温かい血液で生かされているこの命の重みが、その気持ちを思いとどまらせてくれた。母が病床の私に送ってくれた手紙にも幾度となく「苦しいでしょうけど、皆様の尊い血液をいただいた大切な体です」という言葉が記されていた。

パラリンピックの出場権を得るために必死で闘っていたときも、世界の舞台に立てば、血液をくださった皆さんに私のことを見てもらえるかもしれない。そして、「あの人あんなに元気になったんやなあ」と喜んでもらえたら、少しでも恩返しになるかもしれないという思いが、いつもあった。

アテネと北京のパラリンピックで、サポーターとして缶バッジやシールを買ってくださった皆さんにもずいぶん励ましていただいた。

缶バッジというのは、椿野さんの娘のみほさんが作ってくれたもので、絵の得意なみほさんが、ラケットと車いすのイラストを描いてくれた。それを1個500円としてカンパを募り、実費を引いた残りを活動費にあてようという試みだった。

新聞やテレビが取り上げてくれて、激励の手紙やファックス、電話をたくさんいただいた。

「私も卓球をやっています。健常者でも難しいものを、上手にされている姿に感動しました」

「3年前に娘を亡くしましたが、あなたには与えられた命があります。がんばってください」

「私も病気があってリハビリのために卓球を始めました」

サポーターから届いたカンパには、そんな温かいメッセージが添えられていて、支えてくださる人たちの思いに元気をもらった。

かかりつけの病院では、缶バッジのカンパを呼びかけるチラシを張ってくれた。院長先生に聞いた話では、ご自身の生活も決して楽ではないのに、切り詰めたお金の中から缶バッジを買ってくださった患者さんもいたそうだ。

私はこのときほど、５００円硬貨の重みを感じたことはない。５００円玉の一枚一枚に、いろいろな人の思いが託されている。決して無駄にはできないと思った。


そして、やはり大きいのは友人たちの存在だ。ママさんバレーやソフトボールをやっていたときの友達とはずっとつき合いがあって、何かあれば電話をくれるし、家にも来てくれる。郵便ポストを開けると、「ロンドンがんばってね」と書いた手紙が入っていたりして、友人の心遣いに気持ちがなごむ。

卓球に出合う前、私が絶望に沈んでいたときに友人が言ってくれた「できないことを嘆くより、できたことを喜べばいい」という言葉は、長らく私の座右の銘だった。

友人たちには、ときに家族以上に救われてきた。本当にありがたいと思う。

ちなみに現在は、吉川英治さんの著作のタイトルにもなっている『われ以外みなわが師』（大和出版）という言葉を、座右の銘としている。

自分以外の人はみんな、自分に何かを教えてくれる先生だという意味だが、本当にその通りだ。子どもは子どもなりに、教えてくれることがある。年齢、国籍に関係なく、私がこれまでに出会った人はみんな私の先生だ。

感謝の気持ちは文字にして伝える

母からは、感謝することの大切さを教わった。友人や、周りの人に感謝する。仕事ができることに感謝する。そして、元気で過ごせることに感謝するという、三つの感謝だ。病気になって初めて健康のありがたみがわかるように、友人や家族はいて当たり前、仕事もあって当たり前のように思いがちだけれど、決してそうではない。感謝を忘れてはならないというのが母の教えだった。

だから私は、「感謝のおばさん」でいようと思っている。今の自分があるのは誰のおかげなのかということ、どれだけたくさんの人に支えられているのかということを、常に忘れないでおきたい。そして、感謝の思いはちゃんと相手に伝えたい。

国際大会で海外に出かけたときは、お世話になった皆さんに必ず手紙で報告をする。現地のようす、試合の結果、応援へのお礼などをしたためてお送りする。

ロンドンパラリンピックでは、ロンドン滞在中にハガキを出して、日本に戻ってからまた手紙を書いた。成田に着いて、その足でお礼と試合の報告にうかがった方や、電話で報告をした方にも、改めてお礼状をお送りした。

スポンサーや職場、友人、そして、新聞やテレビで私を知って、激励の手紙をくださった方々など、全部で30通ぐらい出しただろうか。

海外から送るときはともかくとして、日本で手紙を書くときはいつも毛筆だ。腱鞘炎で、ボールペンを握るのがつらいからというのも理由の一つだが、やはり筆で書いた文字のほうが気持ちが伝わるように思う。

今はメールという便利なものがあるけれど、感謝の気持ちをメールや電話で伝えただけでは、ちょっと寂しい気がする。言葉だけでなく、きちっと自筆の文字で伝えたい。そうやって、ぬくもりのあるコミュニケーションをつなげていきたいと思っている。

最近は、知らない方から手紙やプレゼントをいただいたりすることが多くなって、毎晩のように2時ごろまでかかってお礼状を書いている。

「別所さんに元気をもらいました」などと書かれた手紙をいただくと、本当にうれしい。その手紙から、私もまた元気をもらうのだ。

車いすも悪くない

試合のために世界を飛び回っている今の姿からは想像もつかないと思うが、病気になる前の私は、まったくの世間知らずだった。旅行といえば、広島の実家と、主人の実家がある鳥取に行ったくらい。自分一人で明石から出たこともなかった。

そんな私がここまで強くなれたのは、やはり卓球のおかげだ。卓球と出合ったことで、私は人間形成された。強くなれた。

初めて車いすを前にしたときも、車いすはかっこ悪い、人に見られたくないと思った。現実から逃げ出したい自分がいた。けれど、もし車いすじゃなかったら、こんな経験ができたかと言えば、もちろんそれは否だ。

たぶん、普通のスポーツ好きの主婦として、それはそれで楽しく人生を送っていただろう。すべては車いすから始まったのだと思うと、車いすも悪くない。今はそう思える。

もちろん、不便なことや苦労もいっぱいある。一歩外に出れば、道路も建物の中も、どこもかしこも車いすの苦手な段差だらけ。雨降りの日の外出はことにやっかいだ。

外出するにも、まずは障害者用トイレがどこにあるのかを確認しておかなければならない。しかも、やっと障害者用トイレを探し当てたと思ったら、健常者が使っていてがっかりすることもしょっちゅうある。

荷物は車いすの後ろに積むものだから、たくさん載せすぎて、バランスを崩してひっくり返ったこともあった。初めて海外遠征に行ったときも、お風呂の段差でひっくり返ってしまった。後ろ向きに倒れると、自力ではなかなか起き上がれないので大変なのだ。

幸い、これまでたいしたケガもしないで済んでいるのは、日ごろのトレーニングでバランス感覚が養われているおかげだろう。

今でも忘れられない、苦い思い出もある。それは、車いすで外出するようになって間もないころのことだ。

エレベーターに乗っていると、何かの拍子に、年配の男性のスーツのすそに、車いすが触れた。すると、男性はとても不快そうな顔をして、手でパッパッとスーツを払ったのだ。

まるで、私自身が汚いものに思われたように感じて、とてもショックだった。車いすをピカピカに磨いてアピールするようになったのも、その時の体験がきっかけの一つになっている。

「あそこの娘さんは美人やけど、車いすやからなあ」

そんな言葉を耳にしたときも、すごく嫌な気持ちになった。美人でも車いすに乗っていたらだめなの？　立つことができたらもっときれいなの？　と。

最近は少なくなったものの、「車いすで大変ですね」「お気の毒ですね」と言われることもときどきある。今は明るくやり過ごせるが、日本ではまだまだ「障害＝かわいそう」という意識が根強いのが残念だ。

でも、そうしたもろもろを差し引いても、車いすは悪くないと思えるのは、この20年間に卓球を通して得た財産があるからだ。

車いすになって、卓球に出合ってから人生が広がった。よもやここまで広がるとは思いもしなかった。人生って本当におもしろい。

私は方向音痴で、車を運転していてもよく道に迷うのだけど、人生は道と同じだと思う。進む方向を間違えたり、迷ったりしても焦ることはない。いろいろ突き当たって、こっちかな、あっちかなと考えながら、それでも進むことをあきらめなければ、きっとまた、目指すべき大きな道につながっていくはずだ。

卓球がくれた夢のようなひととき

卓球から派生して、思いがけない体験もいろいろさせてもらった。自分でも予想外の展開に、どうしてこんなチャンスが与えられるのかと、宝くじにでも当たったたような気分だ。

中でも「スマイルサポートメッセ神戸２００９　神戸すこやかライフ展」で、ユニバーサルファッションショーに出たことは、すごく楽しい思い出だ。

車いすの人や高齢者のための、着やすくて、おしゃれな服を提案するショーで、私もモデルの一人として舞台に立った。

神戸のデザイン学校の生徒さんがデザインしてくださるというので、真っ白なパンツのすそに、真っ赤な蝶々をあしらった衣装をオーダーした。採寸や仮縫いで、3度も打ち合わせをしてできあがったのは、帽子もおそろいにしたベストスーツ。

ショーの当日は、髪の毛もきれいにスタイリングしてもらった。華やかな衣装を身につけてステージでくるりと回転し、ポーズをとったときの気分といったら！

これならアラフォーと言っても通用するかもと思ったくらい、我ながらすてきだった。カフェの同僚たちも応援に来てくれて、最高に楽しい一日だった。

皇居で天皇皇后両陛下のお茶会に出席するという、夢のような体験もした。北京パラリンピックのあと、成績優秀者に対する厚生労働大臣表彰式がホテルで行われ、それに続いて、皇居でお茶会があり、さらにそのあと、総理大臣官邸で記念品贈呈式があったのだ。こんな晴れがましい席は、もちろん人生初の経験だ。

その翌年、春の園遊会にパラリンピックの入賞者が呼ばれ、そのときはファッションショーで作ってもらったベストスーツを着て行った。

天皇陛下がみんなにお声をかけてくださって、岡コーチがいつものごとく、私を「選手団最年長です」と紹介してくれた。美智子様に「卓球って難しいですよね」と、お声をかけていただいたことも忘れられない。

そして、その数日後には新宿御苑で開かれた「桜を見る会」にも出席した。こちらは、当時の麻生太郎総理の主催だ。

園遊会も「桜を見る会」も、テレビで活躍している俳優や歌手をはじめ各界の著名人がたくさん列席していた。「桜を見る会」では、前田美波里さんにサインをいただき、あべ静江さんや小沢真珠さん、AKB48の皆さん、稲川淳二さんなど、たくさんの芸能人の方と、それぞれに写真を撮らせていただいた。こんな席に参加できるなんて、私ってなんて幸せなんだろうと、夢見心地のひとときだった。

障害者スポーツの分野で活躍した個人や団体を表彰する「ASアワード2012」では、特別賞をいただいた。個人部門の最優秀賞は水泳で金メダルを獲得した田中康大選手。団体はゴールボールで金メダルに輝いた日本代表女子チームだ。私は、この年齢でがんばっていることが評価されての特別賞だった。

表彰式の中で、最近の障害者スポーツの目覚ましい進化に触れて「もはや障害者と冠する必要もないのでは」と言った趣旨の話があったが、私もその通りだと思った。

車いすから伝えたい思い

アテネパラリンピックに出場したころから、講演の依頼も受けるようになった。でも、実を言えば私は、人前で話をするのは苦手なのだ。

みんなは「別所さんは、よくしゃべるやん」と思っているかもしれないが、おしゃべりするのと人前で話をするのとは全然別もの。若いころは、人と話をするのもそれほど得意ではなかったくらいだ。就職で田舎から都会に出てきて、仕事で接客をする中で自然に訓練されたのだろう。おかげで誰とでもすぐ打ち解けて話ができるようになった。

海外遠征のお金を稼ぐために講演の依頼はありがたくお受けするが、今でも大勢の人の前で話をするときは試合以上にドキドキしてしまう。ただ、せっかくチャンスをいただけるのだから、私だからこそ発信できることを、たくさんの人に伝えなければという使命感は持っている。

卓球の試合で何度も外国に出かけているので、車いすを使う立場から見た日本と外国との違いについてお話しすることもよくある。外国を見てきて感じるのは、日本は、駅のエレベーターや障害者用トイレに象徴されるような、ハード面のバリアフリー化は進んでいるけれど、心のバリアフリー化はまだまだだということだ。

たとえば、街に出ると、車いすを使っているというだけで特別扱いをされることが多い。目の悪い人が眼鏡で視力を補うように、足の機能を車いすで補う。どちらも同じことなのに、外見が違うというだけで身構えられてしまう。私は、自分でできないことがあれば誰にでも声をかけてお願いする。だから、もっと肩の力を抜いて、自然に接してもらえるような社会になってほしいと願っている。

そもそも私は、自分を「障害者」だとは思っていない。この本では、わかりやすくするために障害者と健常者という表現をしているけれど、そうやって区別する言葉を使うこと自体、本当は好きではない。

最近は、地域で障害者を支援するＮＰＯの人たちと交流する機会も増えて、活動をアピールするためのアイデアを一緒に考えたりすることもある。まずはわが街・明石をもっと暮らしやすくするために、私にできることがあれば、これからも積極的に発信してゆきたい。

小学校や中学校などで、子どもたちを相手に話をすることもよくある。そうした講演会では、苦手な話の代わりに、最初にマジックを披露したら喜んでもらえるのではないかと考えて、道具を買って練習したこともあった。でもやってみると、難しくてなかなかうまくいかない。それこそコーチがほしかったくらいだ。

子どもたちには、いいと思ったこと、興味を持ったことは、とにかくチャレンジしてみることが大事なのだと伝えたい。すぐに結果が出なくても、いつかそれが何かにつながる。努力が報われる日が来るのだと知ってほしい。

それに、結果ばかりを意識していると慎重になってしまう。まずは自分が今やれることをやる。結果が出ないのは努力が足りないということだから、素直にそれを認めてまたがんばればいい。結果はあとからついてくる。

小学校の講演会に行くと、あとで子どもたちの感想文を送っていただくことがある。

「もっとお話を聞きたいと思いました」

「がんばり続けるところがすごいと思いました」

「握手してもらった手は洗いません」

子どもたちの素直な感想には心がなごむ。

孫の歩有斗《ふうと》が通う高校でも講演する機会があったので、あとで電話をして「みんなはどう言ってた？」と聞いてみた。

「野球部のキャプテンが真剣になって聞いててびっくりしたわ。涙が出そうになったって言ってたよ」

私が本を出すという話を聞いて、「絶対に読むわ」と言ってくれた先輩もいたそうだ。

私のつたない話が、子どもたちの心に少しでも届いているとしたら、こんなにうれしいことはない。

目標があるから走り続けられる

みんなからは、「その年で、よくそこまで体力が持つね」と驚かれる。

それも卓球のおかげだ。卓球をしていなかったら、きっと毎日をダラダラと過ごしていただろう。卓球をしているから元気でいられる。

卓球が私の心臓だ。心も体も、プレーをしているときがいちばん生き生きとしている。何をするにも卓球が第一で、そのためにいいと思ったことは、これからも何でもやるだろう。

ずっと走り続けられるのも、常に卓球という目標があるからだ。病気になる前も、ささやかではあっても、いつも何か目標を持って、そのためにがんばってきた。

学校を出て製パンメーカーに就職したのは、パンを好きなだけ食べたいという、それだけの目標のためだった。当時、私の実家は貧乏だったから、食パンなんてめったに買ってもらえなかったのだ。

人から見たらなんとささやかなと思われるかもしれない。でも、たとえ小さな目標でも、それに向かってがんばるのが私らしいと思う。

結婚したときもそうだ。親の反対を押し切っての結婚だったから、最初は布団も満足にない文字通りゼロからのスタート。子どもが生まれたときは、綿を買ってきて自分で布団を作った。

生活のために内職や新聞配達もしたけれど、働くのは大好きだから全然苦労だとは思わなかった。何より、主人と一緒に目標に向かって生きてゆけることが幸せだった。

結婚するとき、主人は、「毎日12時までには家に帰る」「将来家を買う」「市会議員になる」という3つの約束を紙に書いてくれた。そして、2つ目までの約束は果たしてくれた。主人も目標に向かってがんばる人だった。

私はまだ進化できる

卓球の楽しさをもっとたくさんの人に知ってもらうことが、これからの私の使命だと思っている。数年前から、そのための活動も始めた。それが「ぐーぴん卓球交流会」というイベントで、障害者の人たちを対象に、年に1回開いている。「ぐー」は良い、「ぴん」は点を意味するポルトガル語で、点と点がつながって一本の線になり、やがて輪になっていくといった意味を込めた。卓球台にペットボトルを立てて、10球中6球当てたら景品が当たるといった趣向で、ライオンズクラブの協力を得て、参加費は無料にしている。

そうした活動の裏にあるのは、やはりあとに続く若い人が出てきてほしいという思いだ。若い人たちに、もっともっとがんばってほしい。だから、「別所さんががんばっているから、私も卓球を始めました」という声を聞くと、本当にうれしい。

シンプルだけど、やればやるほど難しくて奥が深い卓球のおもしろさを、これからも若い人たちに伝えていきたい。

そしていつか、世界を目指すことにピリオドを打つ日が来たら、練習場を作って開放したいと思っている。

そんな話をすると、「引退後の夢ですか」と聞かれるが、あいにく、私はラケットを握れるかぎり、卓球をやめるつもりはない。海外遠征はやめても、国内の大会は闘い続ける。卓球は、私の人生そのものなのだから。

何より、自分では磨けばまだまだ進化できるという自信がある。きっと、「その年では無理」という人もいるだろう。でも、たとえみんなからできないと言われても、「いや、私はできる」と自分を信じたい。

新しいことをやると、脳が刺激され、活性化する。今だって、新しいラケットとラバーを試している最中だ。そうした新たなチャレンジが、私には楽しくてたまらない。

こんな調子だから、私はいつもノーマネー。老後の生活設計なんてまったく考えていないが、今までだって何とかやってきたのだから不安はない。自分の思うようにやってきたから悔いもない。

過酷な病気を体験して、あのとき死んでいてもおかしくなかったと思っているから、この命は、いわばもうけもん。これからも、何があっても後悔のないように生きてゆきたい。最後の最後まで思いっきり卓球をして、バシッと打って人生を終われたら最高に幸せだ。

私はシャイニー。アスリートとして、人として、輝き続けたい。

あとがき

「別所さんの半生を、本にしませんか」

そんなお話をいただいたのは、ロンドンパラリンピックから戻って間もなくのことだ。「えーっ」と、驚きの声をあげたあとは、感激で胸がいっぱいになってしまった。いつか本を出せたらいいなあと、漠然と夢見てはいたが、そんなチャンスに巡り合えるのはまだまだ先だと思っていたから。

私は、人生半ばで足の自由を失うという大きな挫折を味わった。けれど、友人の言葉にポンと背中を押されて新しい一歩を踏み出した。以来20年余り。つらいこともあったはずなのに、この本を書くために振り返ってみると、不思議とつらかったことはあまり思い出せない。それよりも、今までやってきたこと、出会ったことで、私にとってマイナスになったものは何一つなかったという思いを新たにすることができた。

自分の思いのままに、やりたいことをやっていたら、いつの間にか歩むべき道が目の前に広がっていた。困ったことが起きれば、いつも誰かが手を差し伸べ、助けてくれた。ただがむしゃらにがんばっていたら、知らないうちに幸せに向かって進んでいた。そんなふうに思えてならない。だから、私もこう言って誰かの背中を押してあげたい。

「考えるより、動いてみて。きっとそこから何かが開けてゆくから」

そして、卓球を通して得たことを、いろいろな場で発信することで、地域や社会に恩返しをしていきたいと思っている。今の私に心残りがあるとしたら、お世話になった方たちに、パラリンピックの金メダルをかけてあげるという夢を果たしていないことだ。その思いがあるかぎり、卓球への情熱が衰えることはない。

本文には書ききれなかったけれど、お礼を言いたい人はまだまだたくさんいる。海外遠征に同行してくれた友人、好物の焼肉をごちそうして励ましてくれる焼肉屋の親父さん、私にとって第二の故郷とも言える、兵庫県立障害者スポーツ交流館（前身は身体障害者体育館）の先生方。そして、いつも私を見守ってくれる家族に、この場を借りて、心から感謝の気持ちを伝えたい。

２０１３年３月　別所キミヱ

別所キミヱ（べっしょ・きみえ）

ロンドンパラリンピック卓球日本代表選手
1947年生まれ、65歳。広島県安芸太田町出身、兵庫県明石市在住。

1989年、42歳のときに「仙骨巨細胞腫」という病気を発症。以後、足の自由を失い、車いす生活となる。

1992年、45歳のときに卓球を始め、1999年、52歳で初の日本代表に選出。

以降、2004年のアテネパラリンピック大会、2008年北京大会に出場（5位）。

2012年のロンドン大会では5位入賞。国際ランキング5位。

障がいを乗り越え、しかも45歳という年齢で始めた卓球で、その努力によって日本代表にまで上り詰めた生き方、考え方が、いま多くの人たちの共感を呼んでいる。

現在、日本郵政グループの郵便事業会社にて期間雇用社員として勤務する傍ら、練習に励む日々を送る。

Nanaブックス
0122

たちあがるチカラ

2013年3月21日　　初版第1刷発行

著　者――――別所キミヱ
発行者――――林 利和
編集人――――渡邉春雄
発行所――――株式会社ナナ・コーポレート・コミュニケーション
〒160-0022
東京都新宿区新宿1-26-6　新宿加藤ビルディング5F
TEL　03-5312-7473
FAX　03-5312-7476
URL　http://www.nana-cc.com
Twitter　@NanaBooks
※Nanaブックスは（株）ナナ・コーポレート・コミュニケーションの出版ブランドです

印刷・製本―――シナノ書籍印刷株式会社
用　紙――――株式会社邦友

ISBN 978-4-904899-36-6 C0036